2019年主题出版重点出版物

“十三五”国家重点出版物出版规划项目

新时代马克思主义经典文献精学导读丛书　主编/顾海良

《新民主主义论》精学导读

林绪武◎著

科学出版社

北京

内 容 简 介

《新民主主义论》是毛泽东全面阐述新民主主义理论的一部经典文献，本书详细介绍了《新民主主义论》的写作背景和文本内容，重点阐释新民主主义的政治、经济、文化纲领。本书力图在新时代的现实语境下阐明《新民主主义论》的理论穿透力和强大生命力，在《新民主主义论》的文本境界中深刻领会新时代中国特色社会主义“五位一体”的总布局，深入理解新时代马克思主义中国化的理论依据、现实条件和历史根源，不断增强对中国特色社会主义的道路自信、理论自信、制度自信和文化自信，继续把中国特色社会主义伟大事业推向前进。

本书适合广大群众、党员干部、马克思主义理论学习者阅读。

图书在版编目（CIP）数据

《新民主主义论》精学导读 / 林绪武著. —北京：科学出版社，2019.11
（新时代马克思主义经典文献精学导读丛书/顾海良主编）
“十三五”国家重点出版物出版规划项目
ISBN 978-7-03-063498-6

Ⅰ. ①新… Ⅱ. ①林… Ⅲ. ①《新民主主义论》-毛泽东著作研究 Ⅳ. ①A841.24

中国版本图书馆 CIP 数据核字（2019）第 263134 号

责任编辑：刘英红/责任校对：贾娜娜
责任印制：张 伟/封面设计：润一文化

科学出版社 出版
北京东黄城根北街 16 号
邮政编码：100717
http://www.sciencep.com

天津市新科印刷有限公司 印刷
科学出版社发行 各地新华书店经销

*

2019 年 11 月第 一 版 开本：720 × 1000 1/16
2022 年 9 月第二次印刷 印张：7 3/4
字数：78 000

定价：29.80 元

（如有印装质量问题，我社负责调换）

丛书编委会

总　　序

“新时代马克思主义经典文献精学导读”是根据新时代学习马克思主义经典著作的需要，对各主要的经典著作所蕴含的马克思主义基本原理及其精神实质作出学习和研究性导读。

马克思主义基本原理是马克思主义的理论精粹，体现了马克思主义的根本性质和整体特征，体现了马克思主义立场观点方法的核心要义，体现了马克思主义科学性、人民性、实践性和时代性的思想特征。习近平总书记指出：“掌握马克思主义，最重要的是掌握它的精神实质，运用它的立场、观点、方法和基本原理分析解决实际问题。”[①]在坚持和发展中国特色社会主义中，我们说“老祖宗”不能丢，在根本上就是马克思主义基本原理不能丢。

马克思主义基本原理深刻地蕴含于马克思主义经典著作之中；马克思主义经典著作是马克思主义基本原理的思想本源和理论基础。同时，马克思主义经典著作也蕴藏着马克思主义经典作家汲取人类探索真理的丰富的思想成果，深刻展现了马克

① 习近平：《中国共产党 90 年来指导思想和基本理论的与时俱进及历史启示》，《学习时报》2011 年 6 月 27 日。

思主义经典作家攀登科学高峰、矢志追求真理的精神境界。深入研读马克思主义经典著作是理解和掌握马克思主义基本原理的必修课，也是理解和掌握马克思主义理论体系的基本功。如习近平总书记所指出的："共产党人要把读马克思主义经典、悟马克思主义原理当作一种生活习惯、当作一种精神追求，用经典涵养正气、淬炼思想、升华境界、指导实践。"①

"马克思主义就是我们共产党人的'真经'，'真经'没念好，总想着'西天取经'，就要贻误大事！"②在提到学习《共产党宣言》的重要意义时，习近平总书记提出："广大党员、干部特别是高级干部要学好用好《共产党宣言》等马克思主义经典著作，坚持学以致用、用以促学，原原本本学，熟读精思、学深悟透，熟练掌握马克思主义立场、观点、方法，不断提高马克思主义理论素养。"③理论联系实际，在深化马克思主义经典著作研究阐释中，"推进经典著作宣传普及，让理论为亿万人民所了解所接受，画出最大的思想同心圆。"④

"新时代马克思主义经典文献精学导读"对各经典著作的研究阐释，由北京大学、中国人民大学、北京师范大学等高校马克思主义学院从事马克思主义经典著作教学和研究的学者担

①《十九大以来重要文献选编》上，中央文献出版社 2009 年版，第 434 页。

②《习近平关于全面从严治党论述摘编》，中央文献出版社 2016 年版，第 66 页。

③ 习近平：《中国共产党是〈共产党宣言〉精神忠实传人》，《人民日报》2018 年 4 月 25 日。

④ 习近平：《深刻感悟和把握马克思主义真理力量 谱写新时代中国特色社会主义新篇章》，《人民日报》2018 年 4 月 25 日。

纲。在对各经典著作的研究阐释中，首先力求对各经典著作形成的社会和历史条件作出准确解读，凸显相应的马克思主义基本原理形成和发展的思想基础和理论背景；其次力求对各经典著作理论内涵和精神实质作出系统导读，彰显新时代学习和实践相应的马克思主义基本原理的理论意义和现实意义；最后力求对经典著作中体现的科学原理和科学精神相结合的思想特征作出全面论述，更为深刻地理解“历史和人民选择马克思主义是完全正确的，中国共产党把马克思主义写在自己的旗帜上是完全正确的，坚持马克思主义基本原理同中国具体实际相结合、不断推进马克思主义中国化时代化是完全正确的”[①]。

“要以科学的态度对待科学，以真理的精神追求真理，不断赋予马克思主义以新的时代内涵。”[②]习近平新时代中国特色社会主义思想就是当代中国马克思主义，就是 21 世纪马克思主义。学习马克思主义经典著作，要同学习习近平新时代中国特色社会主义思想结合起来。在这一结合中，更为深刻地理解习近平新时代中国特色社会主义思想，更有定力、更有信心，也更加自觉、更加自信地坚持和发展新时代中国特色社会主义，确保中华民族伟大复兴的巨轮始终沿着正确航向破浪前行。

顾海良

2019 年 11 月 1 日

①《十九大以来重要文献选编》上，中央文献出版社 2009 年版，第 427—428 页。

② 习近平：《深刻感悟和把握马克思主义真理力量　谱写新时代中国特色社会主义新篇章》，《人民日报》2018 年 4 月 25 日。

目　　录

第一章 《新民主主义论》的写作背景

《新民主主义论》是指导中国革命走向胜利的重要著作，毛泽东为什么要写这部著作呢？应当说，这是基于当时特殊的国际背景及深刻的国内历史背景的。十月革命的胜利，俄国最早建立了社会主义社会，对世界的影响极其巨大，从此，世界划分为资本主义和社会主义两个部分，关于革命的指导思想，除了资产阶级革命的理论，马克思主义的无产阶级革命理论得到了实践的检验，这就为包括中国在内的亚非拉殖民地半殖民地国家的革命指引了新方向。正是受到十月革命的巨大影响，马克思主义开始在中国传播，先进的中国人由“效法欧美”转向“以俄为师”，最终五四运动爆发，不久，中国共产党诞生。因此，五四运动是中国革命由旧民主主义革命向新民主主义革命转变的标志，从此，中国革命不再是属于旧民主主义的，而是属于世界无产阶级革命的一部分。因此，中国新民主主义革命的开始，是新民主主义论形成的最大国内背景。而《新民主主义论》是对中国革命前一阶段的总结，也是革命后一阶段的指南。

一、国内背景

1938年10月，随着抗战相持阶段的到来，国民党开始不断制造反共摩擦，消极抗日，积极反共。与此同时，代表资产阶级和小资产阶级上层利益的民主党派，主张中国走一条欧美式的资产阶级共和国道路。那么，中国革命的发展方向和前途是什么？中国革命面临着向何处去的关键抉择。

1. 国民党的消极抗日、积极反共倾向日益增长

1938年10月，抗日战争逐渐进入相持阶段后，“由于日本的诱降和英、美对日本的侵略采取绥靖主义政策，也由于国民党对共产党领导的人民武装力量的发展壮大的畏惧，蒋介石集团的反共倾向明显增长。”[①]首先，日本调整了对华政策，“日本侵略者停止了向国民党战场的战略性的进攻，逐渐地将其主要军事力量移到了解放区战场；同时，针对着国民党政府的失败情绪，声言愿意和它谋取妥协的和平，并将卖国贼汪精卫诱出重庆，在南京成立伪政府，实施民族的欺骗政策”[②]。日本侵略者对国民党改变过去以军事进攻为主的策略，转为以政治诱降

① 中共中央党史研究室：《中国共产党历史》第1卷下册，中共党史出版社2011年版，第530页。

②《毛泽东选集》第3卷，人民出版社1991年版，第1042页。

为主。“从这时起，国民党政府开始了它的政策上的变化，将其重点由抗日逐渐转移到反共反人民。这首先表现在军事方面。它采取了对日消极作战的政策，保存军事实力，而把作战的重担放在解放区战场上。”①

随着日本帝国主义对国民党军事进攻的减少，日本的军事威胁已经减弱，而共产党领导的抗日根据地则成了蒋介石的心腹之患。1938 年 12 月 31 日，蒋介石在日记中写道：“共产党乘机扩张势力，实为内在之殷忧。”1939 年 1 月 6 日，他在日记中更明确指出：目前急患不在敌寇，而在“共产党之到处企图发展”、“沦陷区游击队之纷乱无系统”等事端。这样的情势，在蒋介石看来，只有“应定切实对策，方足以消弭殷忧也”。可见，这时以蒋介石为首的国民党的反共倾向很明显。

国民党消极抗日、积极反共的转折点是国民党五届五中全会的召开。1939 年 1 月 21—30 日，国民党五届五中全会在重庆召开，蒋介石虽然在会上强调现在是抗战第二期开始的时候，谈到要抗战到底，不能半途而废，但是他把抗战到底解释为只恢复到“七七事变”以前的状态，他在讲话中说：“抗战到底的底在哪里？是否是日本亡了或者中国亡了才算到底，必须有一界说。现在要打到日本亡了，那不可能……或说武汉失了就算到底，那太离奇了。”“在卢沟桥事变前现状未恢复，平津未收复以前不能与日本开外交谈判。”“我们不恢复七七事变以前原

①《毛泽东选集》第 3 卷，人民出版社 1991 年版，第 1042 页。

状就是灭亡，恢复了就是胜利。”[①]蒋介石的讲话表明其将东北的利益置之不顾，消极抗日的倾向比较明显。更严重的是，这次会议原则上通过了要限制异党活动。会议公开发表的宣言指出：“本会议郑重声明，吾人绝不愿见领导革命之本党发生二种党籍之事实，更不忍中国实行三民主义完成革命建国一贯之志业，因信仰不笃与意志不坚，致生顿挫。”[②]会议通过的《对于党务报告之决议案》指出：“今后本党应力求革命理论之领导”，“而使违反主义之思想无从流布于社会，而于战区及敌人后方，尤应特别注意”[③]。这些文件体现了国民党把斗争矛头从抗日转向共产党。

国民党成立反共的“特别委员会”，陆续制定和秘密颁布了《限制异党活动办法》《共产党问题处置办法》《沦陷区防范共产党活动办法》等一系列反共文件，并由国民党党政军各系统转发饬令各地“加紧努力，切实执行”。在这些反共文件的指导下，国民党在各地的反共活动愈演愈烈。其在“统治区内，大肆进行反共宣传，加强‘中统’、‘军统’等特务机构的活动，在一些地方设立集中营，囚禁和杀害共产党员、

① 《国民党五届五中全会会议记录》，转引自张宪文主编：《中华民国史纲》，河南人民出版社 1985 年版，第 542 页。

② 荣孟源主编：《中国国民党历次代表大会及中央全会资料》下，光明日报出版社 1985 年版，第 547 页。

③ 荣孟源主编：《中国国民党历次代表大会及中央全会资料》下，光明日报出版社 1985 年版，第 554 页。

爱国人士和进步青年”[①]。

国民党顽固派对共产党一方面在军事上进行进攻，另一方面在思想阵线上发动攻势。国民党提出“以宣传对宣传”“以理论制驭理论”，企图用三民主义篡改和取代马克思主义与共产主义。早在两党刚刚达成国共合作协议的时候，蒋介石发表的《对共产党的宣言的谈话》就提出：三民主义为“中国立国原则”，“中国今日只有一个努力之方向”，即三民主义。1938年初，国民党在武汉发起了鼓吹“一个主义”“一个政党”“一个领袖”的宣传运动。1939年1月，在国民党五届五中全会上，蒋介石所作报告的题目是《唤醒党魂，发扬党德，巩固党基》，并作了题为《整理党务之要点》的讲话。所谓的“唤醒党魂”“发扬党德”，其实质就是实行“一个主义”“一个政党”“一个领袖”的专制主义。同时，借口抗战，蒋介石宣称不能实行“宪政”，只能实行“军政”。他强调要以国民党来“管理一切”，实行“以党治国”“以党建国”。国民党的所谓宣传家们更是公开声称：“三民主义是我们现在的实际任务，同时又是我们将来的远大理想。”[②]中国只要有三民主义就够了，他们要求“没收共产主义”，实质是倡导资产阶级的专制主义。

国民党的积极反共倾向表现为，不仅在军事上对共产党进行打击，还在思想阵线上发动进攻，国内局势异常紧张。

① 中共中央党史研究室：《中国共产党历史》第1卷下册，中共党史出版社2011年版，第530页。

② 叶青：《三民主义底时代性》，《时代思潮》1939年第3期，第3页。

2. 民族资产阶级提出中间道路的主张

中国资产阶级产生于19世纪六七十年代，迅速登上历史舞台，为中国早期国家的出路作了可贵的探索。一方面，资产阶级的上层领导了维新变法运动，主张变法改良和实行君主立宪制度，这是一次重要的思想解放运动。另一方面，资产阶级的中下层领导了辛亥革命，建立了资产阶级共和国，结束了中国几千年的封建帝制，是中国真正现代意义上的革命之开始。然而，中国资产阶级领导革命之始，就具有两面性，因而决定了资本主义道路在中国走不通。然而，孙中山先生去世后，国民党内部分裂，资产阶级阵营也逐渐分化为民族资产阶级和官僚资产阶级，民族资产阶级则始终是中国革命要努力争取的对象，而官僚资产阶级则成了中国革命的对象之一。然而，无论是中国共产党领导的新民主主义革命的前途，还是官僚资产阶级要把中国引向法西斯的方向，民族资产阶级都不太赞同，因而，他们提出了中间道路的主张。当时，除了共产党和国民党之外，还有代表民族资产阶级和上层小资产阶级利益的中间力量，如第三党、中国青年党、中国致公党、中国国家社会党、中华职业教育社、乡村建设派等党派和团体。这些党派和团体因为自身具有的两面性，当受到帝国主义和封建主义压迫的时候，就能够加入反帝反封建的斗争；当无产阶级革命影响其利益的时候，他们又会表现出动摇和妥协的一面，甚至加入反革命阵线。所以，面对国民党的独裁统治及其进行的消极抗日、积极反共活动，中间力量一方面表现出反对国民党的一党专政，支持国共合作并积极参与抗战；另一方面，他们对中国共产党的主张抱有怀疑，对国民党还心存幻想，期望国民党在坚持抗战的同时推进民主化的进程。因此，民族资产阶级主张在国共之间寻求一条“中间道路”，也就是欧美式的资产阶级共和国道路。

在 1939 年 9 月召开的第一届国民参政会第四次会议上，中国青年党、中国国家社会党等联合提出了《请结束党治、立施宪政，以安定人心，发扬民主而利抗战案》。民主党派开展的这些活动虽然有助于揭露国民党一党独裁的真面目，起到了推进民主建国进程的积极作用，但是其对未来国家的构想，都是以美国、英国等西方资产阶级国家为蓝本的，幻想抗战胜利后在中国建立一个资产阶级共和国。于是，中国革命将向何处去的问题摆到了全国人民面前，这就要求共产党人对中国革命面临的一系列问题，尤其是革命发展的前途问题做出系统的回答，以表明中国共产党的立场，驳斥社会上的不符合中国革命实际的各种思想言论，进而指引中国革命沿着正确的方向发展。

二、历 史 背 景

新民主主义革命理论，尽管是在抗日战争时期形成的，然而，此前以毛泽东为代表的共产党人提出的关于中国革命的一些理论原则，是这一理论形成的重要思想理论基础；中国革命的两次胜利、两次失败的基本经验，特别是抗日战争时期提供的新的历史条件和积累的经验，最终促成了这一理论的形成、完善和成熟。

第一次国内革命战争时期，中国共产党和毛泽东提出的与西方资产阶级民主革命及辛亥革命都不同的新的民主革命的基本思想，为中国新民主主义革命理论体系的形成，提供了一定的可供理论抽象的思维材料，奠定了这一理论形成的初步基础。但是，这时中国共产党还处于幼年时期，缺乏革命斗争的经验，党内的马克思主义理论水平有待提高，加之对中国的社会和历史状况、中国革命的特点和规律懂得不多，因而，不可能提出系统化的新民主主义革命理论。第二次国内革命战争时期，随着中国共产党独立领导中国革命实践活动，以及对大革命失败的总结，新民主主义革命理论得到了进一步的丰富和发展。但是，中国共产党独立领导中国革命的实践经验不足，加之党内对马克思主义的指导出现了各种错误的认识，出现了“左”倾的盲动主义、冒险主义和教条主义等错误，阻碍了党对新民主主义革命基本问题形成科学的认识，新民主主义革命理论还不可能形成完整的体系。

抗日战争时期，中国共产党内的马克思主义理论水平得到较大提高，党经过革命的洗礼逐渐走向成熟，对中国革命的一系列问题有了深刻的认识，准确提出新民主主义革命理论科学体系的历史条件基本具备，《新民主主义论》就是在这样的历史背景下产生的。具体而言，主要有以下几个方面。

第一，中国革命两次胜利与两次失败的经验教训。中国革命无论是成功的经验还是失败的教训，都是宝贵的精神财富。1921～1940年，中国共产党领导的新民主主义革命经历了两次胜利和两次失败。“中国革命两次胜利与两次失败的鲜明对比，使党对这一革命的历史特点和客观规律的认识达到了可以作出理论升华的高度，而党对中国革命胜利与失败丰富历史经验的系统总结，又必然会推动中国新民主主义革命理论科学体系的形成。”①

第二，中国共产党内的马克思主义理论水平不断提高。随着马克思主义在中国的广泛传播，在抗战之前和抗战期间，一方面大批马克思主义经典著作的翻译出版，另一方面以毛泽东为代表的中国共产党领袖人物集中力量从事理论研究和著述，这就促成了全党的思想理论水平得到较大提高。党内马克思主义理论水平的提高和对中国革命问题认识的深化，以毛泽东为代表的中国共产党人，已经能够将马克思主义基本原理同中国革命的具体实践比较娴熟的相结合。《新民主主义论》的完成和新民主主义理论的提出，正是毛泽东经过长期对中国革命的探索和思考，并将马克思主义基本原理同中国具体国情相结合的产物。

① 田克勤：《中国新民主主义理论与实践研究》，东北师范大学出版社 1991 年版，第 17 页。

第三，遵义会议确立了毛泽东在党中央的领导地位。1935年1月，红军长征到达遵义后，中共中央召开了一次极为重要的会议，主要讨论和解决了组织问题与军事问题。遵义会议在中国革命最危急的关头挽救了党，挽救了红军，挽救了中国革命。会后事实上形成了以毛泽东为核心的第一代中央领导集体，纠正了王明“左”倾冒险主义、教条主义的错误。同时，共产国际七大决定改变共产国际的工作方式和领导方法。大会宣布共产国际以后一般不再直接干涉各国共产党内部的组织事宜，事实果真如此，中共文件证实：“自一九三五年八月共产国际第七次代表大会决定不干涉各国共产党组织事宜之后，共产国际执行委员会及其主席团即遵照此种决定，没有干涉中国共产党的组织事宜。”①这很大程度上有助于巩固遵义会议后形成的以毛泽东为核心的第一代中央领导集体，并且为中国共产党根据本国具体情况和独特经验，创造性地运用马克思主义基本原理解决中国革命实际问题，为提出新民主主义革命理论的科学体系提供了重要的历史条件和背景。

第四，中国共产党的逐渐成熟。经过大革命、土地革命战争和抗日战争的锻炼，中国共产党逐步从幼年走向成熟。中国共产党有了十几年领导中国革命成功和失败的丰富的经验与教训，已经是一个比较成熟的政党。随着抗战相持阶段的到来，

① 中央档案馆编：《中共中央文件选集》第14册，中共中央党校出版社1992年版，第40页。

国际、国内环境发生了重大变化，中国共产党必须要总结中国革命的历史特点和规律，认清中国革命各阶段之间的正确关系，从而对新民主主义革命的一系列基本问题做出明确回答，相对成熟的中国共产党已经具有这样的能力。这些都成为毛泽东撰写《新民主主义论》的历史背景。

三、国际背景

日本侵华战略和政策的重大调整，从以军事进攻为主转为以政治诱降为主。英国、美国等国为了维护自身的利益，对日实行“绥靖”政策，助长了日本侵略中国的气焰。

1. 日本调整对华进攻的政策

经过一年多的全面侵华战争，至1938年秋，日本已经占据了中国华北、华中、华南大部分地区及重要交通线，掠夺了大量战略资源。但是，日本的全面进攻，并没有摧毁中国的抵抗力量，也没有动摇中国人民的抗战意志。全国人民的团结抗战，粉碎了日本妄图3个月灭亡中国的计划。随着日军在中国占领区的扩大、战线的拉长、兵力的分散及长期战争的消耗，其财力、物力、兵力不足的弱点逐渐暴露出来。同时，沉重的战争消耗和军事工业的畸形发展，使日本国内的财政经济日益陷入困境，税收加重，人民和士兵的反战、厌战情绪高涨，国内危机日深。中国方面，在正面战场，国民党的军队虽然遭受重大损失，但抗战仍在继续，日军不得不使用一定的兵力对付国民党军队。在敌后战场，中国共产党领导的抗日游击战争不断发展，日军在占领区内只能控制一些大中城市和主要交通线，广大的农村地区则为以八路军、新四军为主的中国军队所控制。敌后抗日游击战争的发展和抗日根据地的开辟，日军的后方遭到严重威胁，进退两难，中国抗战则形成了正面战场和敌后战场互相支援、相互配合的持久抗战局面。同时，随着第二次世界大战的全面爆发，日本利用欧战趁英国、法国、美国无暇东顾之机，加紧了对苏作战及同英国和美国等国争夺太平洋地区霸权的步伐，所以能用于中国战场的兵力已接近极限，因此，日本不得不开始调整侵华政策。

在政治上，日军改变了原来对国民党以军事进攻为主、政治诱降为辅的方针，而是转变为以政治诱降为主、军事进攻为辅，由反蒋转为拉蒋。1938 年 11 月 3 日，日本政府发表第二次近卫声明表示："如果国民政府抛弃以前的一贯政策，更换人事组织，取得新生的成果，参加新秩序的建设，我方并不予以拒绝。"[①]这就改变了 1938 年 1 月第一次近卫声明中提出的日本不以中国国民政府为谈判对手，期待真正能与其合作的中国新政权的建立及发展的对华政策。1938 年 12 月 22 日，日本政府发表第三次近卫声明，提出了所谓善邻友好、共同防共、经济

① 《日本外交年表和主要文书》下，原书房 1969 年版，第 401 页。

提携的“三原则”，并表示只要蒋介石降日反共，日本就同他“合作”。1939 年 3 月，新任日本首相平沼在国会演讲时提出：“蒋介石将军与其所领导之政府，假使能重新考虑其反日态度，与日本共同合作，谋东亚新秩序之建立，则日本准备与之作中止敌对行为之谈判。”[①]这样，日本就从根本上改变了在战争初期以军事进攻为主、外交攻势为辅的对华政策，转向以政治诱降为主、军事进攻为辅的新的对华方针，意图在于借助战争初期的军事胜利，向国民党政府施加压力，并以承认其地位为诱饵，诱使国民党对日妥协。

在军事上，为了早日结束在中国的战争，摆脱战略被动，日本调整了军事战略。从 1938 年 10 月起，日军停止了战略性的进攻，开始转向以巩固占领区为主。军事打击目标则是以敌后战场为主，因为敌后抗日根据地的存在严重威胁了日本占领区的统治和统治秩序的建立。而对于正面战场，要求把兵力配备在最低限度内，对国民党军队实施有限的局部进攻。日本军事方针的调整，一方面是为了巩固占领区的统治，另一方面是企图以此诱导蒋介石降日反共。

在经济上，日本大力贯彻以战养战的方针政策。日本是一个资源相对匮乏的国家，长期的越境作战，对日本的经济造成了极大的影响。为了弥补自身资源的不足，日本大力贯彻以战

① 刘引泉编：《中国民主革命时期通史》下卷，东方出版社 1990 年版，第 229 页。

养战的方针政策，在占领区大肆掠夺，并且在 1938 年 4 月成立了“华北开发株式会社”和“华中振兴株式会社”两个组织机构，加紧对占领区实施经济掠夺。

在思想文化上，日本在占领区内实行奴化教育。为了长期对中国人民进行奴役，日本在占领区强制推行宣传所谓的“日中亲善”“大东亚共荣思想”等思想，试图麻痹中国人民；在学校内则强制推行日文教育。日本还加紧对中国的文化掠夺，“日军所到之处，大批文物被抢掠，许多著名的古迹和文化设施被毁坏”[①]。

总之，抗战进入相持阶段后，日本调整了侵华战略和政策，在政治、经济、军事、思想文化方面采取了一系列新的措施，以便继续加紧侵略中国，最终达到灭亡中国的目的。

2. 英国、美国等国对日本实行“绥靖”政策

抗战相持阶段到来前后，在欧洲，英国、法国为了把战争的祸水引向别的国家，对德意法西斯实行纵容妥协的“绥靖”政策。在远东，尽管日本加紧侵略中国，同英国、法国、美国等国的矛盾加剧。但这些国家为了维护自身的利益，一方面，加大对华援助的力度，使中国有能力对抗日本；另一方面，对日本实行“绥靖”政策，妄图牺牲中国的利益以缓和同日本的

① 中共中央党史研究室：《中国共产党历史》第 1 卷下册，中共党史出版社 2011 年版，第 527 页。

矛盾，避免和日本直接发生冲突。

日本的侵华战争实际上损害了美国的在华利益，美国政府对此表示不满。为此，美国曾援助中国的抗战。1938 年 12 月，美国政府首次向中国提供 2500 万美元的贷款，开始支援中国抗战。1939 年 3 月，日本在占领中国海南岛之后，提出了对南太平洋的主权要求，直接威胁到英国、美国在东南亚的利益。为防范日本的南进，美国对日本采取了一定的遏制政策，对中国的抗战持进一步支持的态度。但美国支援中国抗战的同时，仍然没有中断和日本的贸易关系，依旧卖给日本大量的战略物资，既获取丰厚的经济利润，也希望借此缓和两国之间的矛盾。

1939 年 3 月至 8 月，英国向中国提供 500 多万英镑借款和 300 多万英镑的信用贷款。但英国慑于日本的威势，继续以牺牲中国的权益向日本妥协。1939 年 7 月，英国驻日本大使克莱琪同日本外相有田八郎签订协议：英国政府承认日军在中国的战争行动，公开表示"凡有阻止日军或有利于日军之敌人之行为因素，日军均不得不予制止或消灭之"，"凡是妨害日军达到上述目的之行动，英政府均无意加以赞助"[①]。这样英国实际上默认了日本对中国的侵略。

英国、美国等国基于自身利益的考虑，对日本实行"绥靖"

① 复旦大学历史系中国近代史教研组编：《中国近代对外关系史资料选辑》下卷第 2 分册，上海人民出版社 1977 年版，第 143 页。

政策，进一步助长了日本的侵华气焰，加剧了亚洲局势的进一步紧张。面对日本的侵华及第二次世界大战的国际背景，中国革命要走向何方，是毛泽东思考中国新民主主义革命理论的重要外部因素。

第二章 《新民主主义论》的形成过程

《新民主主义论》被誉为毛泽东的“三大奇文”之一，是中华人民共和国成立前出版次数最多、发行量最大的毛泽东著作单行本之一。从最初以《新民主主义的政治与新民主主义的文化》为标题发表在《中国文化》创刊号上，到后来收入《毛泽东选集》的《新民主主义论》一文，这部经典文献经过了不断的修改和完善，形成了不同的版本。

一、初 版 情 况

1940 年 1 月 9 日，毛泽东在陕甘宁边区文艺协会第一次代表大会上演讲的标题是《新民主主义的政治与新民主主义的文化》，应当说，这是《新民主主义论》的雏形。2 月 15 日，经过整理后，毛泽东将《新民主主义的政治与新民主主义的文化》以原标题发表在《中国文化》创刊号上。随后，2 月 20 日，经过修改，该文第一次以《新民主主义论》为题，发表在延安出版的《解放》周刊第 98、99 期合刊上。

从《中国文化》版本到《解放》周刊版本，该文有较大的改动，后一版本和前一版本的不同达240处之多。发表于《解放》周刊上的《新民主主义论》，毛泽东所作的修改主要体现为：第一，各节增加了文字标题，共15处；第二，重新润色和修改了标点符号，共有120处左右；第三，在不改变原文意思的基础上进行的一些文字修改，力求表达更准确，共101处左右；第四，一定程度上改变文意的修改有4处。[①]

《新民主主义论》在《解放》周刊刊载后不久，1940年3月，延安解放出版社出版了单行本的《新民主主义论》，是《新民主主义论》最早的单行本。《解放》周刊刊载的《新民主主义论》和延安解放出版社出版的《新民主主义论》内容基本相同，没有什么变化。另外，这期间各大党报党刊相继刊载或收录了该文，如1940年4月10日，《群众》第4卷第10期刊载了《新民主主义论》；1941年5月，晋察冀日报社编印的《民族民主革命与统一战线》收录了《新民主主义论》一文。这两个版本与延安解放出版社第一版的《新民主主义论》内容基本相同。

二、再版情况

自延安解放出版社出版了最早的《新民主主义论》单行本

① 参见方敏：《毛泽东对〈新民主主义论〉的修改》，《党的文献》2006年第6期，第107—108页。

之后，又相继多次出版《新民主主义论》单行本，如 1941 年 5 月的第二版，1942 年 4 月的第三版，1943 年 10 月的第四版，其中第二、三版很难见到，第四版值得关注。

1943 年 10 月，中共中央晋绥分局出版的《毛主席三大著作》收录了《新民主主义论》一文，该文与《解放》周刊刊载的版本已经有一些变化，但与延安解放出版社 1943 年 10 月第四版的《新民主主义论》则极为接近。此第四版的《新民主主义论》与《解放》刊载的《新民主主义论》相比，共修改 313 处左右，主要表现在以下几个方面。第一，重新润色和修改了标点符号，共 233 处左右。第二，在原文意思不变的基础上进行了一些文字修改，共 75 处左右。第三，有 2 处修改不如原文准确，将“文明先进的中国”改为“聪明先进的中国”；在叙述中国近代革命历程时，将“戊戌变法”由原来列在“中法战争、中日战争”之后，提至“中法战争、中日战争”之前。这两处修改明显不如原文，后来在《毛泽东选集》收录的《新民主主义论》中又改为了《解放》版本的文字。第四，有 3 处修改动变了原来的意思。[1]

毛泽东对《新民主主义论》第二次修改比较满意，直到中华人民共和国成立后出版《毛泽东选集》收录的《新民主主义论》前，就目前能够看到的版本而言，毛泽东未再对该文做过

① 参见方敏：《毛泽东对〈新民主主义论〉的修改》，《党的文献》2006 年第 6 期，第 109 页。

修改。1944 年 7 月晋察冀日报社出版的《毛泽东选集》第一卷收录的《新民主主义论》，1946 年 4 月大连书店出版的《毛泽东选集》第一卷收录的《新民主主义论》，1948 年哈尔滨东北书店出版的《毛泽东选集》第二卷收录的《新民主主义论》，同年由晋冀鲁豫中央局出版的只在党内发行的《毛泽东选集》下册收录的《新民主主义论》，以上版本的《新民主主义论》和延安解放出版社第四版的《新民主主义论》相比，除了编辑的错改之外，内容上基本没有什么变化。毛泽东对《新民主主义论》的第二次修改，标志着该文的定型和成熟。

另外，1946～1949 年，香港民主出版社以单行本形式分册陆续出版的《毛泽东选集》也将《新民主主义论》列为一册出版。

需要指出的是，皖南事变后，国共关系形势紧张，1941 年 7 月，国民党“中央图书杂志审查委员会”公布了一份查禁目录，均以“触犯审查标准”为由，查禁了《新民主主义的政治与新民主主义的文化》和《新民主主义论》。为了抵制国民党文化专制政策，共产党人和文化界进步人士便采取了“伪装本”方式来出版发行《新民主主义论》。这些“伪装本”常改封面、书名、出版地或出版单位等，以掩盖书的内容。现在所能看到的“伪装本”有四种：第一种是以《大乘起信论》为书名的“伪装本”；第二种是以《文史通义》为书名的“伪装本”；第三种是湖南图书馆馆藏、湖南金国印书馆秘密发行的以《中国往何处去》为书名的“伪装本”；第四种是近年来在广州发现的、以言情小说《满园春色》为名的“伪装本”。

三、终 版 情 况

中华人民共和国成立后，毛泽东又对该文进行了修改，1952年出版的《毛泽东选集》第二卷收录的《新民主主义论》，则为《新民主主义论》的最终版本。

1950年5月，中共中央政治局会议决定重新编辑出版《毛泽东选集》，由毛泽东亲自主持编辑出版工作。在这次编辑过程中，毛泽东对《新民主主义论》进行了大量的修改，远多于前两次修改。其中，没有改变原文思想内容的共有762处；对标点符号的修改有117处；在基本不改变原文实质内容的前提下，对一些语言用法、概念使用、词句删减等方面的修改有645处。毛泽东还对原有的一些认识和观点进行了修改，从而使理论内容发生了较大的变化，这类修改共有55处。此后，毛泽东未再对《新民主主义论》做过修改。

之后，《新民主主义论》出版过几个单行本。1986年，人民出版社出版的《毛泽东著作选读》上册，以及1991年重新修订出版的《毛泽东选集》第二卷，都收录了该文。

第三章　新民主主义革命总体的方向和特点

在《新民主主义论》一文中，毛泽东系统论述了关于中国革命的一系列重要理论，指明了中国革命的方向，阐释了中国革命的特点，深化了人们对中国革命的认识，坚定了人们对中国革命必胜的信心。

一、中国革命的方向

新民主主义革命理论是对中国人民革命斗争经验的科学总结，解决了中国革命的方向和方位问题。

《新民主主义论》开篇就提出了“中国向何处去”的问题。毛泽东指出：“抗战以来，全国人民有一种欣欣向荣的气象，大家以为有了出路，愁眉锁眼的姿态为之一扫。但是近来的妥协空气，反共声浪，忽又甚嚣尘上，又把全国人民打入闷葫芦里了……中国向何处去，又成为问题了。”[①]中国向何处去，这是一个关系到全局的问题，这个问题不解决好，就不能明确中国革命的方向。毛泽东说：“我们共产党人，多年以来，不但为中

①《毛泽东选集》第2卷，人民出版社1991年版，第662页。

国的政治革命和经济革命而奋斗，而且为中国的文化革命而奋斗；一切这些的目的，在于建设一个中华民族的新社会和新国家。在这个新社会和新国家中，不但有新政治、新经济，而且有新文化。这就是说，我们不但要把一个政治上受压迫、经济上受剥削的中国，变为一个政治上自由和经济上繁荣的中国，而且要把一个被旧文化统治因而愚昧落后的中国，变为一个被新文化统治因而文明先进的中国。”①建立新民主主义共和国是新民主主义革命的直接目的，但是中国共产党人的革命任务并非到此就结束了，在完成新民主主义革命的基础上，即完成中国革命的第一步、第一阶段后，再使之发展到第二阶段，以建立社会主义的中国，这即中国革命的方向。《新民主主义论》对中国革命前途和方向作出了科学的和符合实际的分析。

二、中国革命的特点

在指明了中国革命前途的基础上，毛泽东阐述了中国革命的特点，他指出中国革命是世界革命的一部分，中国革命必须分两步走。

第一，中国革命是世界革命的一部分，属于世界无产阶级社会主义革命，而且是世界革命伟大的一部分，这是中国革命的重要特点。

①《毛泽东选集》第 2 卷，人民出版社 1991 年版，第 663 页。

为了确认中国革命的归属问题，毛泽东首先提出世界历史的发展可划分为两种世界革命的认识。他认为："有两种世界革命，第一种是属于资产阶级和资本主义范畴的世界革命……第二种世界革命，即无产阶级的社会主义的世界革命。"[①]而资产阶级和资本主义范畴的世界革命的时期早已过去了，早在1914年第一次世界大战爆发之时，尤其是在1917年俄国十月革命之时，就宣告终结了。从此以后，开始了第二种世界革命，即无产阶级的社会主义的世界革命。

对于为什么第一次世界大战和俄国十月革命成为划分两种世界革命的时间节点，毛泽东认为："因为第一次帝国主义世界大战和第一次胜利的社会主义十月革命，改变了整个世界历史的方向，划分了整个世界历史的时代。"[②]随着俄国十月革命的胜利，在地球六分之一的土地上建立了社会主义国家以来，表明世界资本主义战线已在地球的一角崩溃，而在其余的角上又已经充分显露其腐朽性的到来。另外，在社会主义国家已经建立并宣布它愿意为了援助一切殖民地半殖民地的解放运动而斗争的时代，各个资本主义国家的无产阶级也日益从社会帝国主义的社会民主党的影响下面解放出来并宣布他们援助殖民地半殖民地解放运动的时代。因此，在这种时代背景下，"任何殖民地半殖民地国家，如果发生了反对帝国主义，即反对国际资产

①《毛泽东选集》第2卷，人民出版社1991年版，第671页。
②《毛泽东选集》第2卷，人民出版社1991年版，第667页。

阶级、反对国际资本主义的革命，它就不再是属于旧的世界资产阶级民主主义革命的范畴，而属于新的范畴了；它就不再是旧的资产阶级和资本主义的世界革命的一部分，而是新的世界革命的一部分，即无产阶级社会主义世界革命的一部分了”[①]。由此，这种革命的殖民地半殖民地，就不能当作世界资本主义反革命战线的同盟军，而改变为世界社会主义革命战线的同盟军了。

为了进一步阐明殖民地半殖民地国家的革命为世界无产阶级社会主义革命，毛泽东进一步指出：“这种殖民地半殖民地革命的第一阶段，第一步，虽然按其社会性质，基本上依然还是资产阶级民主主义的，它的客观要求，是为资本主义的发展扫清道路；然而这种革命，已经不是旧的、被资产阶级领导的、以建立资本主义的社会和资产阶级专政的国家为目的的革命，而是新的、被无产阶级领导的、以在第一阶段上建立新民主主义的社会和建立各个革命阶级联合专政的国家为目的的革命。因此，这种革命又恰是为社会主义的发展扫清更广大的道路。”[②]这种革命彻底打击帝国主义，因此它不为帝国主义所容许，而为帝国主义所反对。但是，它却为社会主义所容许，为社会主义的国家和社会主义的国际无产阶级所援助。因此，这种革命变成世界无产阶级社会主义革命的一部分。

①《毛泽东选集》第2卷，人民出版社1991年版，第668页。
②《毛泽东选集》第2卷，人民出版社1991年版，第668页。

划分了两种世界革命，中国资产阶级民主主义革命的区分和归属就明确了。毛泽东指出，自从1914年爆发第一次帝国主义世界大战和1917年俄国十月革命在地球六分之一的土地上建立了社会主义国家以来，中国资产阶级民主主义革命起了一个变化，这个变化直接区别了中国资产阶级民主主义革命的世界革命归属。“在这以前，中国资产阶级民主主义革命，是属于旧的世界资产阶级民主主义革命的范畴之内的，是属于旧的世界资产阶级民主主义革命的一部分。在这以后，中国资产阶级民主主义革命，却改变为属于新的资产阶级民主主义革命的范畴，而在革命的阵线上说来，则属于世界无产阶级社会主义革命的一部分了。”[①]

其实，早在1924年至1927年的中国第一次大革命时期，中国共产党人就提出了“中国革命是世界革命的一部分”的命题。这一命题一经提出就为当时一切参加反帝反封建斗争的人们所赞成，不过那时这一理论的作用还没有发挥出来，以至人们还只是模糊地认识这个问题。毛泽东指出，“中国共产党人提出的这一正确的命题，是根据斯大林的理论的”[②]。为纪念十月革命一周年，斯大林发表了《十月革命和民族问题》，指出“十月革命伟大的世界意义，主要的是：第一，它扩大了民族问题的范围，把它从欧洲反对民族压迫的斗争的局部问题，变为各

①《毛泽东选集》第2卷，人民出版社1991年版，第667页。
②《毛泽东选集》第2卷，人民出版社1991年版，第669页。

被压迫民族、各殖民地及半殖民地从帝国主义之下解放出来的总问题；第二，它给这一解放开辟了广大的可能性和现实的道路，这就大大地促进了西方和东方的被压迫民族的解放事业，把他们吸引到胜利的反帝国主义斗争的巨流中去；第三，它从而在社会主义的西方和被奴役的东方之间架起了一道桥梁，建立了一条从西方无产者经过俄国革命到东方被压迫民族的新的反对世界帝国主义的革命战线"[①]。

另外，斯大林还多次论述了关于殖民地半殖民地的革命脱离了旧范畴，改变成了无产阶级社会主义革命一部分的理论。毛泽东在《新民主主义论》中也着重阐述了《再论民族问题》的内容。在继承斯大林相关理论的基础上，毛泽东进一步指出，有两种世界革命，第一种是属于资产阶级和资本主义范畴的世界革命，第二种即无产阶级的社会主义的世界革命。第二种世界革命以资本主义国家的无产阶级为主力军，以殖民地半殖民地的被压迫民族为同盟军。不管被压迫民族中参加革命的阶级、党派或个人，是何种的阶级、党派或个人，又不管他们是否意识到这一点，他们主观上是否了解了这一点，只要他们反对帝国主义，他们的革命就属于无产阶级社会主义世界革命的一部分，他们就成了无产阶级社会主义世界革命的同盟军。

中国革命不仅是世界革命的一部分，而且是世界革命的伟大的一部分。毛泽东指出："中国革命到了今天，它的意义

①《斯大林选集》上卷，人民出版社 1979 年版，第 126 页。

更加增大了。在今天，是在由于资本主义的经济危机和政治危机已经一天一天把世界拖进第二次世界大战的时候；是在苏联已经到了由社会主义到共产主义的过渡期，有能力领导和援助全世界无产阶级和被压迫民族，反抗帝国主义战争，打击资本主义反动的时候；是在各资本主义国家的无产阶级正在准备打倒资本主义、实现社会主义的时候；是在中国无产阶级、农民阶级、知识分子和其他小资产阶级在中国共产党的领导之下，已经形成了一个伟大的独立的政治力量的时候。在今天，我们是处在这种时候，那末，应该不应该估计中国革命的世界意义是更加增大了呢？我想应该是的。中国革命是世界革命的伟大的一部分。”①

第二，中国革命必须分两步走。毛泽东在《新民主主义论》中，阐述了中国革命两个阶段之间的辩证关系，从理论上系统地论述了“两步走”问题。毛泽东认为，中国革命的历史进程必须分两步走，第一步是民主主义的革命，第二步是社会主义的革命。他指出：“这是性质不同的两个革命过程。而所谓民主主义，现在已不是旧范畴的民主主义，已不是旧民主主义，而是新范畴的民主主义，而是新民主主义。”②关于中国革命的历史进程，此前中国共产党内曾存在不成熟的认识，将民主革命同社会主义革命相混淆，主要有两种表现：其一，急于在民主

①《毛泽东选集》第2卷，人民出版社1991年版，第671页。

②《毛泽东选集》第2卷，人民出版社1991年版，第665页。

革命阶段采取一些社会主义革命的措施；其二，认为在民主革命和社会主义革命之间还存在一个资产阶级专政的阶段。

毛泽东的《新民主主义论》系统地分析了中国革命的进程问题，将中国革命的历史进程划分为既有区别又相互联系的两个阶段。他认为，中国革命的历史进程是分为民主主义和社会主义两个步骤的，“很清楚的，中国现时社会的性质，既然是殖民地、半殖民地、半封建的性质，它就决定了中国革命必须分为两个步骤”[1]。第一步，改变殖民地、半殖民地、半封建的社会形态，使之变成一个独立的民主主义的社会。第二步，使革命向前发展，建立一个社会主义的社会。中国现时的革命，是在走第一步。而第一步现在已不是一般的民主主义，而是中国式的、特殊的、新式的民主主义，即新民主主义。

此外，毛泽东还对中国革命的历史进程进行了回顾，并对中国民主革命的两个阶段进行了区分，明确了不同阶段的革命所归属的世界革命的问题。他指出，从 1840 年鸦片战争起，中国社会逐渐开始由封建社会变为半殖民半封建社会，中国人民进行的艰苦抗争都是为了改变中国半殖民地半封建的社会性质。在这个抗争的过程中，太平天国运动、中法战争、中日战争、戊戌变法、辛亥革命、五四运动、北伐战争、土地革命战争及抗日战争，这接近一百年的斗争都是为了实现第一步。只不过这些抗争，是中国人民在不同时间和不同程度上实行这一

①《毛泽东选集》第 2 卷，人民出版社 1991 年版，第 666 页。

步，反对帝国主义和封建势力，为建立一个独立的民主主义社会而奋斗。这其中，辛亥革命是在比较更完全的意义上开始了这个革命。这个革命，按其社会性质来说是资产阶级民主主义的革命，不是无产阶级社会主义的革命。而自 1914 年爆发第一次世界大战和 1917 年俄国十月革命建立了社会主义国家以来，中国资产阶级民主主义革命有了一个变化：从旧的世界资产阶级民主主义革命，改变为新的资产阶级民主主义革命，成为世界无产阶级社会主义革命的一部分。无产阶级变成了这个革命的领导阶级，这个革命的目的绝不是建立资产阶级的共和国，而是要建立以中国无产阶级为首的中国各个革命阶级的联合专政的新民主主义的社会，以完成第一阶段的革命任务；然后，再发展到第二阶段，即建立中国的社会主义社会。

第四章　新民主主义的政治

毛泽东在《新民主主义论》中，旗帜鲜明地回答了新民主主义的政治问题，明确指出："国体——各革命阶级联合专政。政体——民主集中制。这就是新民主主义的政治，这就是新民主主义的共和国。"[①]

一、新民主主义的国体

所谓"国体"，就是社会各阶级在国家中的地位。新民主主义的国体是各革命阶级的联合专政，无产阶级是领导阶级。毛泽东明确指出所谓国体，即在无产阶级领导下的一切反帝反封建的人们联合专政的民主共和国，这就是新民主主义的共和国。

那么，为什么在联合专政中无产阶级是领导阶级？毛泽东指出，在1919年五四运动之前，中国资产阶级民主革命的领导者是中国的小资产阶级和资产阶级，当时中国无产阶级还未作为一个独立的阶级登上政治舞台。五四运动之后，中国资产阶

①《毛泽东选集》第2卷，人民出版社1991年版，第677页。

级民主革命的政治领导者，已不再属于中国资产阶级，而是属于中国无产阶级了。这时，中国无产阶级由于自身的成长和受俄国革命的影响，已经迅速地成长为一个觉悟了的独立的政治力量了。

毛泽东深刻分析了中国民族资产阶级的两面性，并深入阐述了为什么中国资产阶级不能担任新民主主义革命的领导者。五四运动以后，中国资产阶级不能担当领导中国革命的重任，但依然是中国革命的参与者。这是其革命性和妥协性的性质决定的。这种两面性决定了中国民族资产阶级能够在一定时期和一定程度上参加无产阶级领导的革命，但不能成为中国革命的领导者。

一方面，中国民族资产阶级革命性的一面决定了其能参加无产阶级领导的革命，是我们革命联合的一部分。毛泽东指出：“由于中国民族资产阶级是殖民地半殖民地国家的资产阶级，是受帝国主义压迫的，所以，虽然处在帝国主义时代，他们也还是在一定时期中和一定程度上，保存着反对外国帝国主义和反对本国官僚军阀政府（这后者，例如在辛亥革命时期和北伐战争时期）的革命性，可以同无产阶级、小资产阶级联合起来，反对它们所愿意反对的敌人。”[①]中国民族资产阶级的革命性，也决定了其与俄国的资产阶级的不同。在俄国，因为它是军事封建的帝国主义，是侵略别人的，所以俄国的资产

①《毛泽东选集》第 2 卷，人民出版社 1991 年版，第 673 页。

阶级没有什么革命性。在俄国，无产阶级的任务是反对资产阶级，而不是联合它。因为中国是殖民地半殖民地，是被人侵略的，所以中国民族资产阶级在一定时期和一定程度上具有革命性。“在这里，无产阶级的任务，在于不忽视民族资产阶级的这种革命性，而和他们建立反帝国主义和反官僚军阀政府的统一战线。”[①]

另一方面，中国民族资产阶级妥协性的一面决定了其不能成为中国革命的领导阶级。毛泽东说：“由于他们是殖民地半殖民地的资产阶级，他们在经济上和政治上是异常软弱的，他们又保存了另一种性质，即对于革命敌人的妥协性。”[②]因此，中国的民族资产阶级，即使在革命时，也不愿意同帝国主义完全分裂，并且他们同农村中的地租剥削有密切联系，他们就不愿也不能彻底推翻帝国主义，更加不愿和不能彻底推翻封建势力。所以，中国资产阶级民主革命的两个基本问题、两大基本任务，中国民族资产阶级就不能解决。

在分析中国民族资产阶级的基础上，毛泽东强调了中国的大资产阶级反革命的一面。他指出，中国的大资产阶级，以国民党为代表，在土地革命时期，一直是投靠帝国主义，并和封建势力结成同盟反对革命人民的。中国的民族资产阶级曾在1927年及其以后的一个时期内一度附和过反革命。在

①《毛泽东选集》第2卷，人民出版社1991年版，第673页。
②《毛泽东选集》第2卷，人民出版社1991年版，第673页。

抗日战争时期，大资产阶级的一部分，以汪精卫为代表，又投降敌人。这反映出中国资产阶级同历史上欧美各国的资产阶级特别是法国的资产阶级有不同之处，在欧美各国，特别在法国，在革命时代，那里的资产阶级革命是比较彻底的；在中国，资产阶级就没有这种彻底性了。中国资产阶级的这种两面性，就是欧美历史上的资产阶级，也是同样具有的。大敌当前，他们要联合工农反对敌人；工农觉悟，他们又联合敌人反对工农。世界资产阶级的这一特征在中国资产阶级身上更加突出。

在深入分析了中国资产阶级的两面性的基础上，毛泽东指出："一方面——参加革命的可能性，又一方面——对革命敌人的妥协性，这就是中国资产阶级'一身而二任焉'的两面性。"[①]因此，中国的资产阶级不能承担领导中国革命的重任，这一重任落到了中国无产阶级的肩上。他进一步强调，"在中国，事情非常明白，谁能领导人民推翻帝国主义和封建势力，谁就能取得人民的信仰，因为人民的死敌是帝国主义和封建势力、而特别是帝国主义的缘故。在今日，谁能领导人民驱逐日本帝国主义，并实施民主政治，谁就是人民的救星。历史已经证明：中国资产阶级是不能尽此责任的，这个责任就不得不落在无产阶级的肩上了"[②]。

①《毛泽东选集》第 2 卷，人民出版社 1991 年版，第 674 页。
②《毛泽东选集》第 2 卷，人民出版社 1991 年版，第 674 页。

无产阶级是新民主主义革命的领导者，资产阶级在一定时期是中国革命联合的对象，而其他阶级和阶层在中国社会的地位如何呢？毛泽东指出：“中国无产阶级、农民、知识分子和其他小资产阶级，乃是决定国家命运的基本势力。这些阶级，或者已经觉悟，或者正在觉悟起来，他们必然要成为中华民主共和国的国家构成和政权构成的基本部分，而无产阶级则是领导的力量。”[①]

中国将要建立的是新民主主义共和国，那么新民主主义共和国与其他国家体制的区别在哪里？中国应该采取哪种国家体制呢？在分析了中国各阶级状况并明确了无产阶级领导地位的基础上，毛泽东阐明了新民主主义共和国和中国国家体制的选择问题。

毛泽东认为，新民主主义共和国，一方面和旧形式的、欧美式的、资产阶级专政的、资本主义的共和国相区别，因为那是旧民主主义的共和国，已经过时了；另一方面，又和苏联式的、无产阶级专政的、社会主义的共和国相区别，因为这种共和国，在一定的历史时期中，还不适用于殖民地半殖民地国家的革命。因此，一切殖民地半殖民地国家的革命，在一定历史时期中所采取的国家形式，只能是第三种形式，这就是新民主主义共和国。

毛泽东对世界多种多样的国家体制按政权的阶级性质划分

①《毛泽东选集》第 2 卷，人民出版社 1991 年版，第 674—675 页。

为三种——资产阶级专政的共和国、无产阶级专政的共和国和几个革命阶级联合专政的共和国，并对这三种国家体制一一进行了说明。第一种，旧民主主义的国家。许多资本主义国家已经没有民主气息，已经转变或即将转变为资产阶级的血腥的军事专政了。毛泽东认为，某些地主和资产阶级联合专政的国家，可以附在这一类。第二种，即除苏联外，正在各资本主义国家中酝酿着，在将来要成为一定时期中的世界统治形式国家体制。第三种，是殖民地半殖民地国家的革命所采取的过渡的国家形式。这种过渡的国家形式，即几个反对帝国主义的阶级联合起来共同专政的新民主主义的国家。中国需要建立的就是第三种国家体制，毛泽东指出："现在所要建立的中华民主共和国，只能是在无产阶级领导下的一切反帝反封建的人们联合专政的民主共和国，这就是新民主主义的共和国，也就是真正革命的三大政策的新三民主义共和国。"[①]这就是新民主主义的国体。

二、新民主主义的政体

毛泽东指出："所谓'政体'问题，那是指的政权构成的形式问题，指的一定的社会阶级取何种形式去组织那反对敌人

① 《毛泽东选集》第 2 卷，人民出版社 1991 年版，第 675 页。

保护自己的政权机关。”[①]新民主主义的政体实行民主集中制的制度。

政体必须适应国体，而且是由国体所决定的。资产阶级专政的国家，必然是资产阶级独裁或法西斯的政府。新民主主义国家，是以无产阶级为领导的几个革命阶级的联合专政。毛泽东指出：“没有适当形式的政权机关，就不能代表国家。”[②]那么，中国应该采取哪种组织形式呢？

毛泽东认为，中国应该实行民主集中制。“只有民主集中制的政府，才能充分地发挥一切革命人民的意志，也才能最有力量地去反对革命的敌人。”[③]那么，中国现在可以采取全国人民代表大会、省人民代表大会、县人民代表大会、区人民代表大会直到乡人民代表大会的制度，并由各级代表大会选举政府。这一过程中需要贯彻真正的普遍平等，必须实行无男女、信仰、财产、教育等差别的真正普遍平等的选举制，只有这样才能适合于各革命阶级在国家中的地位，适合于表现民意和指挥革命斗争，适合于新民主主义的精神。此外，毛泽东强调：“‘非少数人所得而私’的精神，必须表现在政府和军队的组成中，如果没有真正的民主制度，就不能达到这个目的，就叫做政体和国体不相适应。”[④]

①《毛泽东选集》第 2 卷，人民出版社 1991 年版，第 677 页。
②《毛泽东选集》第 2 卷，人民出版社 1991 年版，第 677 页。
③《毛泽东选集》第 2 卷，人民出版社 1991 年版，第 677 页。
④《毛泽东选集》第 2 卷，人民出版社 1991 年版，第 677 页。

1945年，毛泽东在《论联合政府》中进一步阐述了新民主主义的政治。他指出："新民主主义的政权组织，应该采取民主集中制，由各级人民代表大会决定大政方针，选举政府。它是民主的，又是集中的，就是说，在民主基础上的集中，在集中指导下的民主。只有这个制度，才既能表现广泛的民主，使各级人民代表大会有高度的权力；又能集中处理国事，使各级政府能集中地处理被各级人民代表大会所委托的一切事务，并保障人民的一切必要的民主活动。"[①]总之，"我们主张的新民主主义的政治，就是推翻外来的民族压迫，废止国内的封建主义的和法西斯主义的压迫，并且主张在推翻和废止这些之后不是建立一个旧民主主义的政治制度，而是建立一个联合一切民主阶级的统一战线的政治制度"[②]。民主集中制既能实现广泛的民主，又能进行民主的集中，是适合以无产阶级为领导的几个革命阶级联合专政的政体。

毛泽东对新民主主义国体和政体的阐释，明确了新民主主义国家的政治建设纲领，为中华人民共和国的国体、政体勾画了蓝图，为中华人民共和国的成立奠定了坚实的政治基础。

①《毛泽东选集》第3卷，人民出版社1991年版，第1057页。
②《毛泽东选集》第3卷，人民出版社1991年版，第1056页。

第五章　新民主主义的经济

新民主主义的共和国，实行新民主主义的政治，也必须实行新民主主义的经济。毛泽东指出，中国的经济“一定要走‘节制资本’和‘平均地权’的路”[①]，这为发展新民主主义经济确定了路径和指明了方向。“节制资本”“平均地权”是孙中山先生最早提出来的，因为两次国共合作的缘故，特别是第二次国共合作和维护抗日民族统一战线的需要，共产党公开声明拥护新三民主义，因此，毛泽东对新民主主义经济的分析，大胆吸收和借鉴了孙中山先生新三民主义的合理内容并加以创造性运用，确实体现共产主义和新三民主义之间存在相通之处。

一、“节制资本”

首先，没收大银行、大工业、大商业，归新民主主义共和国所有。这是继承了孙中山新三民主义的内容，孙中山指出：“凡本国人及外国人之企业，或有独占的性质，或规模过

① 《毛泽东选集》第2卷，人民出版社1991年版，第678页。

大为私人之力所不能办者，如银行、铁道、航路之属，由国家经营管理之，使私有资本制度不能操纵国民之生计，此则节制资本之要旨也。”[①]毛泽东指出，这是国共合作后国民党第一次在全国代表大会宣言中庄严的声明，这是新民主主义共和国的经济构成的正确方针。旧中国的大银行、大工业、大商业都为官僚资本所垄断，它们控制着国家的经济命脉和国计民生。这就要求我们没收这些资本为新民主主义共和国所有，成为无产阶级的国营经济。但是，这并不是一般意义的没收资本主义的资本。毛泽东指出，无产阶级的国营经济是整个国民经济的领导力量，具有社会主义的性质，是会逐步过渡到社会主义经济的。但是，新民主主义共和国不没收其他资本主义的私有财产，不禁止“不能操纵国民生计”的资本主义生产的发展。

其次，允许不操纵国计民生的私人资本主义的发展。毛泽东指出，新民主主义的经济允许不操纵国计民生的私人资本主义的发展，并且认为在新民主主义革命胜利后一个长时期内，应该允许资本主义经济的存在和发展，不能急于消灭资本主义。1939 年 12 月，毛泽东就指出，因为新民主主义革命肃清了资本主义发展道路上的障碍，“资本主义会有一个相当程度的发展，这是经济落后的中国在民主革命胜利之后不可避免的结果”[②]。《新民主主义论》明确指出，新民主主义的共

①《孙中山选集》下，人民出版社 2011 年版，第 616 页。
②《毛泽东选集》第 2 卷，人民出版社 1991 年版，第 650 页。

和国“并不没收其他资本主义的私有财产，并不禁止‘不能操纵国民生计’的资本主义生产的发展，这是因为中国经济还十分落后的缘故”[①]。当时，中国是半殖民地半封建的社会，中国资本主义经济没有得到充分发展，因此经济上十分落后。为了实现中国经济的发展，新民主主义共和国不但不没收一般的资本主义的私有财产，而且鼓励有利于国计民生的资本主义的生产发展，采取“节制资本”的举措，不让资本家操纵国计民生，保护民族工商业的发展。因为，“现阶段革命的基本任务主要地是反对外国的帝国主义和本国的封建主义，是资产阶级民主主义的革命，还不是以推翻资本主义为目标的社会主义的革命”[②]。新民主主义革命所要消灭的对象，只是封建主义和垄断资本主义，只是地主阶级和官僚资产阶级（大资产阶级），而不是一般的消灭资本主义。毛泽东在《在论联合政府》中又进一步指出:“在新民主主义的国家制度下,除了国家自己的经济、劳动人民的个体经济和合作社经济之外，一定要让私人资本主义经济在不能操纵国民生计的范围内获得发展的便利，才能有益于社会的向前发展。”[③]同时，就中国共产党不怕资本主义，反而在一定条件下提倡发展资本主义做了解释，他指出:“拿资本主义的某种发展去代替外国帝国主义和本国封建主义的压迫，不但是一个进步，而且是一个不可避免的过程。它不但有

①《毛泽东选集》第 2 卷，人民出版社 1991 年版，第 678 页。
②《毛泽东选集》第 2 卷，人民出版社 1991 年版，第 705 页。
③《毛泽东选集》第 3 卷，人民出版社 1991 年版，第 1060—1061 页。

利于资产阶级，同时也有利于无产阶级，或者说更有利于无产阶级。现在的中国是多了一个外国的帝国主义和本国的封建主义，而不是多了一个本国的资本主义，相反地，我们的资本主义是太少了。”[①]允许发展私人资本主义是新民主主义经济比较特殊的内容，是毛泽东根据中国的实际国情做出的正确判断。关于新民主主义允许发展私人资本主义的思想，对于中国由一个经济落后的半殖民地半封建的社会不经过资本主义独立发展阶段而过渡到社会主义，具有重要的实践价值和深远的历史意义。

二、“平均地权”

首先，没收封建土地为农民所有。毛泽东指出，新民主主义共和国“将采取某种必要的方法，没收地主的土地，分配给无地和少地的农民，实行中山先生‘耕者有其田’的口号，扫除农村中的封建关系，把土地变为农民的私产”[②]。“耕者有其田”主张解决农民的土地问题，这是孙中山对农村土地问题的严重性、解决农民土地问题的迫切性和发动农民参加革命斗争的重要性等有了新的认识后提出的新主张。毛泽东继承了孙中山“耕者有其田”这个基本正确的主张，并对其进行了改造和

①《毛泽东选集》第 3 卷，人民出版社 1991 年版，第 1060 页。
②《毛泽东选集》第 2 卷，人民出版社 1991 年版，第 678 页。

发展。毛泽东在《论联合政府》中指出："'耕者有其田'，是把土地从封建剥削者手里转移到农民手里，把封建地主的私有财产变为农民的私有财产，使农民从封建的土地关系中获得解放，从而造成将农业国转变为工业国的可能性。"[①]封建土地所有制，是封建社会地主阶级统治其他阶级的制度，地主阶级通过掌握土地这一生产资料，对农民实行残酷的压迫。地主阶级是封建剥削者，代表着中国最落后和最反动的生产关系，阻碍了中国社会的发展。因此，对地主阶级必须实行消灭的政策，没收封建土地为农民所有，这就肯定了农民的土地所有权，从而真正达到"耕者有其田"的目的。

其次，对富农经济采取保存和限制的办法。毛泽东认为，对于农村的富农经济要容许其存在。因为中国农村经济落后，为了迅速恢复生产，稳定富裕中农，以得到富农的支持，容许富农经济在一定条件下存在，对于整个国民经济的发展是有利的。

毛泽东认为："'平均地权'的方针。这个方针的正确的口号，就是'耕者有其田'。"[②]他又进一步说，在这个阶段上，一般还不是建立社会主义的农业，但在"耕者有其田"的基础上所发展起来的各种合作经济，也具有社会主义的因素。

值得关注的是，毛泽东对新民主主义经济的阐述多次提及孙中山先生的一些言论，实际是为了说明新民主主义的经济纲

①《毛泽东选集》第 3 卷，人民出版社 1991 年版，第 1074 页。
②《毛泽东选集》第 2 卷，人民出版社 1991 年版，第 678 页。

领同孙中山先生新三民主义的契合之处，从而扩大一切新民主主义经济纲领的影响和一切真正革命民主派的认同，并有效揭露国民党政府背叛革命的阴谋。另外，也体现出毛泽东对孙中山新三民主义的吸收和借鉴。

总之，“中国的经济，一定要走‘节制资本’和‘平均地权’的路，决不能是‘少数人所得而私’，决不能让少数资本家少数地主‘操纵国民生计’，决不能建立欧美式的资本主义社会，也决不能还是旧的半封建社会”[①]。这是新民主主义经济发展的方向，谁要是敢于违反这个方向，就一定达不到目的，就自己要碰破头的。毛泽东指出：“这就是革命的中国、抗日的中国应该建立和必然要建立的内部经济关系。这样的经济，就是新民主主义的经济。”[②]毛泽东所阐述的新民主主义的经济纲领，是根据中国的社会性质和经济状况提出的，为中国共产党经济政策的制定提供了依据，是新民主主义经济建设的指导纲领。

①《毛泽东选集》第 2 卷，人民出版社 1991 年版，第 678—679 页。
②《毛泽东选集》第 2 卷，人民出版社 1991 年版，第 679 页。

第六章　新民主主义的文化

新民主主义文化是新民主主义政治和经济在观念形态上的反映，服务于新民主主义的政治和经济，表现为人民大众反帝反封建的文化，民族的科学的大众的文化。

一、人民大众反帝反封建的文化

要明确什么是新民主主义的文化，就需要首先区分旧文化和新文化。毛泽东在《新民主主义论》中首先对中国旧文化和新文化进行了说明，并在此基础上对新文化的两个阶段进行了区分，最终明确了新民主主义文化就是无产阶级领导的人民大众的反帝反封建的文化。

首先，毛泽东分析了中国两种旧的文化形态。毛泽东指出："一定的文化是一定社会的政治和经济在观念形态上的反映。在中国，有帝国主义文化，这是反映帝国主义在政治上经济上统治或半统治中国的东西。"[①]这一部分文化除了帝国主义在中国直接办理的文化机关之外，还有一些中国人也在提倡。

①《毛泽东选集》第 2 卷，人民出版社 1991 年版，第 694 页。

毛泽东认为一切包含奴化思想的文化，都属于这一类。“在中国，又有半封建文化，这是反映半封建政治和半封建经济的东西。”[①]凡属主张尊孔读经、提倡旧礼教旧思想、反对新文化新思想的人们，都属于这类文化的代表。同时，毛泽东阐明了这两种旧的文化形态之间的关系，指出：“帝国主义文化和半封建文化是非常亲热的两兄弟，它们结成文化上的反动同盟，反对中国的新文化。这类反动文化是替帝国主义和封建阶级服务的，是应该被打倒的东西。不把这种东西打倒，什么新文化都是建立不起来的。”[②]由此，确定了中国文化革命的对象。

其次，毛泽东在区分旧文化的基础上阐述了新文化的概念。毛泽东指出：“至于新文化，则是在观念形态上反映新政治和新经济的东西，是替新政治新经济服务的。”[③]新民主主义新政治新经济的出现，决定了新文化的产生。自资本主义经济在中国产生，中国社会就逐渐改变了性质，变成了半封建社会，虽然封建经济仍占优势。而这种资本主义经济对于封建经济来说，是新经济。同这种资本主义新经济同时发生和发展着的新政治力量，就是资产阶级、小资产阶级和无产阶级的政治力量。“而在观念形态上作为这种新的经济力量和新的政治力量之反映并为它们服务的东西，就是新文化。”[④]

①《毛泽东选集》第 2 卷，人民出版社 1991 年版，第 695 页。
②《毛泽东选集》第 2 卷，人民出版社 1991 年版，第 695 页。
③《毛泽东选集》第 2 卷，人民出版社 1991 年版，第 695 页。
④《毛泽东选集》第 2 卷，人民出版社 1991 年版，第 695 页。

在阐述了新文化概念的基础上，毛泽东将新文化区分为新民主主义文化和旧民主主义文化。他指出，革命亦有新旧之分，在某一历史时期是新的东西，在另一历史时期就变为旧的了。在中国资产阶级民主革命的 100 年中，分为前 80 年和后 20 年两个阶段。而这两大阶段中，各有一个基本的具有历史性质的特点，即在前 80 年，中国资产阶级民主革命是属于旧范畴的；而在后 20 年，便属于新范畴了。旧民主主义——前 80 年的特点，新民主主义——后 20 年的特点。“这种区别，在政治上如此，在文化上也是如此。”[①]在文化上就以五四运动为界，区分为旧民主主义文化和新民主主义文化。

针对旧的资产阶级民主主义文化，毛泽东指出：“在‘五四’以前，中国文化战线上的斗争，是资产阶级的新文化和封建阶级的旧文化的斗争。在‘五四’以前，学校与科举之争，新学与旧学之争，西学与中学之争，都带着这种性质。”[②]所谓学校、新学、西学，基本上都是资产阶级代表们所需要的自然科学和资产阶级的社会政治学说。在当时，这种新学的思想，“有同中国封建思想作斗争的革命作用，是替旧时期的中国资产阶级民主革命服务的”[③]。“可是，因为中国资产阶级的无力和世界已经进到帝国主义时代，这种资产阶级思想只能上阵打几个回合，就被外国帝国主义的奴化思想和中国封建主义的复古思想的反

①《毛泽东选集》第 2 卷，人民出版社 1991 年版，第 696 页。
②《毛泽东选集》第 2 卷，人民出版社 1991 年版，第 696 页。
③《毛泽东选集》第 2 卷，人民出版社 1991 年版，第 697 页。

动同盟打退了，被这个思想上的反动同盟军稍稍一反攻，所谓新学，就偃旗息鼓，宣告退却，失了灵魂。”[①]旧的资产阶级民主主义文化，在帝国主义时代，已经腐化，已经无力了。因此，它的失败是必然的。

旧的资产阶级民主主义文化的失败，迎来了无产阶级领导的新民主主义文化。毛泽东说：“在‘五四’以后，中国产生了完全崭新的文化生力军，这就是中国共产党人所领导的共产主义的文化思想，即共产主义的宇宙观和社会革命论。”[②]五四运动是一场伟大的群众爱国运动,表现出了反帝反封建的彻底性；同时，又是一场深刻的思想解放运动，坚定与提高了中国人民反帝反封建的决心和觉悟；促进了全国人民对改造中国问题的反思和探索,也促进了新思潮的蓬勃兴起和马克思主义的传播。五四运动拉开了新民主主义革命的序幕，是中国新民主主义革命的开端。从此，无产阶级登上了政治舞台。“由于中国政治生力军即中国无产阶级和中国共产党登上了政治舞台，这个文化生力军，就以新的装束和新的武器，联合一切可能的同盟军，摆开了自己的阵势，向着帝国主义文化和封建文化展开了英勇的进攻。”[③]这支生力军在社会科学领域和文学艺术领域都有极大的发展。五四运动之后的 20 年来,这支文化新军的锋芒所向,从思想到形式，都起了极大的革命作用。其声势之浩大，威力

①《毛泽东选集》第 2 卷，人民出版社 1991 年版，第 697 页。
②《毛泽东选集》第 2 卷，人民出版社 1991 年版，第 697 页。
③《毛泽东选集》第 2 卷，人民出版社 1991 年版，第 697 页。

之猛烈，所向无敌。其动员之广泛，超过中国任何历史时代。因此，五四运动以后，中国的新文化就表现为无产阶级领导的新民主主义文化。

毛泽东总结道："在'五四'以前，中国的新文化，是旧民主主义性质的文化，属于世界资产阶级的资本主义的文化革命的一部分。在'五四'以后，中国的新文化，却是新民主主义性质的文化，属于世界无产阶级的社会主义的文化革命的一部分。"[①]他还进一步分析了新民主主义文化的领导阶级，认为"在'五四'以前，中国的新文化运动，中国的文化革命，是资产阶级领导的，他们还有领导作用。在'五四'以后，这个阶级的文化思想却比较它的政治上的东西还要落后，就绝无领导作用，至多在革命时期在一定程度上充当一个盟员，至于盟长资格，就不得不落在无产阶级文化思想的肩上"[②]。

最后，毛泽东界定了新民主主义文化："所谓新民主主义的文化，就是人民大众反帝反封建的文化；在今日，就是抗日统一战线的文化。"[③]而且这种文化，只能由无产阶级的文化思想即共产主义思想去领导，任何别的阶级的文化思想都是不能领导的。总之，一句话，新民主主义的文化是无产阶级领导的人民大众的反帝反封建的文化。

新民主主义文化既然是无产阶级领导的反帝反封建的文

①《毛泽东选集》第 2 卷，人民出版社 1991 年版，第 698 页。
②《毛泽东选集》第 2 卷，人民出版社 1991 年版，第 698 页。
③《毛泽东选集》第 2 卷，人民出版社 1991 年版，第 698 页。

化，那么它与资产阶级的专制主义文化的区别是什么？与社会主义的文化又有什么区别和联系？毛泽东对此进行了一一分析。

新民主主义的文化不同于资产阶级的文化专制主义。因为资产阶级顽固派，在文化问题上，和他们在政权问题上一样，是完全错误的。由于他们不知道中国新时期的历史特点，他们的出发点是资产阶级专制主义，在文化上就表现为资产阶级的文化专制主义。“一部分所谓欧美派的文化人（我说的是一部分），他们曾经实际赞助过国民党政府的文化‘剿共’，现在似乎又在赞助什么‘限共’、‘溶共’政策。”[①]他们不愿工农在政治上抬头，也不愿工农在文化上抬头。资产阶级顽固派的文化专制主义之路在中国是走不通的。因为它同政权问题一样，没有国内国际的条件。

新民主主义的文化也不是社会主义的。毛泽东认为：“当作国民文化的方针来说，居于指导地位的是共产主义的思想，并且我们应当努力在工人阶级中宣传社会主义和共产主义，并适当地有步骤地用社会主义教育农民及其他群众。但整个的国民文化，现在也还不是社会主义的。”[②]他指出，虽然新民主主义的政治、经济、文化，都具有社会主义的因素，并且不是普通的因素，而是起决定作用的因素。但是，就整个政治情况、整

①《毛泽东选集》第 2 卷，人民出版社 1991 年版，第 704 页。
②《毛泽东选集》第 2 卷，人民出版社 1991 年版，第 704 页。

个经济情况和整个文化情况来说，却还不是社会主义的，而是新民主主义的。“因为在现阶段革命的基本任务主要地是反对外国的帝国主义和本国的封建主义，是资产阶级民主主义的革命，还不是以推翻资本主义为目标的社会主义的革命。”[①]从国民文化领域来说，将整个国民文化认为就是或应该是社会主义的国民文化，也是不对的。“这是把共产主义思想体系的宣传，当作了当前行动纲领的实践；把用共产主义的立场和方法去观察问题、研究学问、处理工作、训练干部，当作了中国民主革命阶段上整个的国民教育和国民文化的方针。”[②]他进一步指出，以社会主义为内容的国民文化必然反映社会主义的政治和经济，我们在政治上、经济上有社会主义的因素，反映到我们的国民文化也就有社会主义的因素，但就整个社会来说，我们现在还没有形成整个的社会主义的政治和经济，所以也就不能有这种整个的社会主义的国民文化。又因为现时的中国革命是世界无产阶级社会主义革命的一部分，所以现时的中国新文化也是世界无产阶级社会主义新文化的一部分，而且是它的一个伟大的同盟军；这种一部分，虽包含社会主义文化的重大因素，“但是就整个国民文化来说，还不是完全以社会主义文化的资格去参加，而是以人民大众反帝反封建的新民主主义文化的资格去参加的”[③]。正是由于当时中国革命是中国无产阶级领导的，因而

①《毛泽东选集》第 2 卷，人民出版社 1991 年版，第 705 页。
②《毛泽东选集》第 2 卷，人民出版社 1991 年版，第 705 页。
③《毛泽东选集》第 2 卷，人民出版社 1991 年版，第 705 页。

当时的中国新文化也不能离开中国无产阶级文化思想的领导，不能离开共产主义思想的领导。但是，这种领导是领导人民大众去反帝反封建的政治革命和文化革命，因此，整个新的国民文化的内容还是新民主主义的，不是社会主义的。虽然当时整个新的国民文化的内容不是社会主义的，但是毛泽东依然强调，应该扩大共产主义思想的宣传，加紧马克思列宁主义的学习。因为没有这种宣传和学习，就不能把中国革命引导到将来的社会主义阶段，也不能指导当时的民主革命取得胜利。但是，“我们既应把对于共产主义的思想体系和社会制度的宣传，同对于新民主主义的行动纲领的实践区别开来；又应把作为观察问题、研究学问、处理工作、训练干部的共产主义的理论和方法，同作为整个国民文化的新民主主义的方针区别开来”[①]。

因此，毛泽东认为：“现阶段上中国新的国民文化的内容，既不是资产阶级的文化专制主义，又不是单纯的无产阶级的社会主义，而是以无产阶级社会主义文化思想为领导的人民大众反帝反封建的新民主主义。”[②]

二、新民主主义文化革命统一战线的四个时期

“文化革命是在观念形态上反映政治革命和经济革命，并为

①《毛泽东选集》第 2 卷，人民出版社 1991 年版，第 706 页。
②《毛泽东选集》第 2 卷，人民出版社 1991 年版，第 706 页。

它们服务的。在中国，文化革命，和政治革命同样，有一个统一战线。”[①]毛泽东将文化革命的统一战线分为四个时期。

第一个时期，自 1919 年五四运动到 1921 年中国共产党成立，以五四运动为主要标志。五四运动是中国历史上重要的思想解放运动，是反帝反封建的爱国运动。“五四运动的杰出的历史意义，在于它带着为辛亥革命还不曾有的姿态，这就是彻底地不妥协地反帝国主义和彻底地不妥协地反封建主义。”[②]五四运动之所以具有这种性质，毛泽东认为是由当时的社会环境所决定的。在当时，中国的革命知识分子眼见俄国、德国、奥匈帝国三大帝国主义国家开始瓦解，英国、法国两大帝国主义国家在一战中已经受伤，而俄国无产阶级却在世界的一端已经建立了社会主义国家。俄国社会主义国家的建立为中国民族解放运动提供了新希望，指引了新方向。毛泽东认为，五四运动是在当时世界革命号召之下，是在俄国革命号召之下，是在列宁号召之下发生的。因此，五四运动成为当时无产阶级世界革命的一部分。他进一步指出，五四运动时期虽然还没有中国共产党，但是已经有了大批的赞成俄国革命的具有初步共产主义思想的知识分子。“五四运动，在其开始，是共产主义的知识分子、革命的小资产阶级知识分子和资产阶级知识分子（他们是当时运动中的右翼）三部分人的统一战线的革命运动。”[③]因此，它

①《毛泽东选集》第 2 卷，人民出版社 1991 年版，第 699 页。
②《毛泽东选集》第 2 卷，人民出版社 1991 年版，第 699 页。
③《毛泽东选集》第 2 卷，人民出版社 1991 年版，第 700 页。

的弱点也比较明确，就在只限于知识分子，而没有工人农民参加。这一情况得以转变是六三运动的爆发，这时五四运动成了有无产阶级、城市小资产阶级和民族资产阶级参加的广大群众运动。这就决定了这一时期文化革命的统一战线，不但有知识分子，而且有广大的无产阶级、小资产阶级和资产阶级参加，成了全国范围的革命运动了。

五四运动所进行的文化革命是彻底地反对封建文化的运动。毛泽东认为，这是自中国历史以来，最伟大而彻底的文化革命。以反对旧道德提倡新道德、反对旧文学提倡新文学为文化革命的两大旗帜，对社会产生了重要影响。但是，这个文化运动在当时还没有可能普及到工农群众中去，虽然提出了“平民文学”口号，但当时的所谓“平民”，实际上还只能限于城市小资产阶级和资产阶级的知识分子，即所谓市民阶级的知识分子。虽然如此，五四运动在思想上和干部上为中国共产党的成立准备了条件，也为五卅运动和北伐战争做了一些准备。毛泽东指出，当时的资产阶级知识分子，是五四运动的右翼，但到了第二个时期，他们中间的大部分就和敌人妥协，站在反动方面了，这体现出了资产阶级的妥协性。

第二个时期，以中国共产党的成立和五卅运动、北伐战争为标志。这一时期，继承并发展了五四运动时三个阶级的统一战线，并吸引了农民阶级加入，在政治上形成了各阶级的统一战线，这就是第一次国共两党的合作。

孙中山对促成国共两党的合作做出了重要贡献。毛泽东认为，孙中山先生之所以伟大，不仅因为他领导了伟大的辛亥革命，而且因为他适应世界发展之潮流提出了联俄、联共、扶助农工三大革命政策，并对三民主义作了新的解释，提出了三大政策的新三民主义。在这以前，它是旧三民主义，它没有提出反帝国主义的口号，也没有提出反封建社会制度和反封建文化思想的口号。所以，三民主义和教育界、学术界、青年界是没有多大联系的。这种三民主义甚至被人们看成为一部分人为了夺取政府权力，即为了做官，而临时应用的旗帜，被看成为纯粹政治活动的旗帜。而在这以后，出现了三大政策的新三民主义。正是因为国共两党的合作，两党革命党员的努力，新三民主义被推广到了全中国，推广到了一部分教育界、学术界和广大青年学生之中。毛泽东认为："这完全是因为原来的三民主义发展成了反帝反封建的三大政策的新民主主义的三民主义之故；没有这一发展，三民主义思想的传播是不可能的。"①

这种革命的三民主义，即新三民主义，成了国共两党和各个革命阶级统一战线的政治基础，共产主义和三民主义结成了统一战线。以阶级论，则是无产阶级、农民阶级、城市小资产阶级、资产阶级的统一战线。那时，以共产党的《向导周报》、国民党的上海《民国日报》及各地报纸为阵地，共同宣传反帝国主义的主张，共同反对尊孔读经的封建教育，反对封建

①《毛泽东选集》第 2 卷，人民出版社 1991 年版，第 701 页。

古装的旧文学和文言文，提倡以反帝反封建为内容的新文学和白话文。并且，在广东战争和北伐战争时向中国军队灌输反帝反封建的思想，由此改造了中国军队。在广大农民群众中间，提出了打倒贪官污吏、打倒土豪劣绅的口号，掀起了伟大的农民革命斗争。因为这些因素，加上苏联的援助，第一次国共合作取得了北伐战争的胜利。但是，由于大资产阶级的叛变，轰轰烈烈的大革命最终失败了，中国就此转入了新的政治局面。

第三个时期，是 1927 年至 1937 年的新的革命时期。因为在第二个时期的末期，中国大资产阶级叛变革命，转到帝国主义和封建势力的反革命营垒，民族资产阶级也随之附和大资产阶级，革命营垒因之发生了变化，其中原有的四个阶级，这时剩下了无产阶级、农民阶级和其他小资产阶级（包括革命知识分子）三个阶级。因此，中国革命就进入了一个新的时期。

这一时期，中国共产党单独地领导群众进行这个革命，有两个主要的表现：一方面反革命的“围剿”，包括军事“围剿”和文化“围剿”；另一方面革命深入的时期，即农村革命深入和文化革命深入。而这两种“围剿”，长达十年之久，在帝国主义策动之下，曾动员全中国和全世界的反革命力量，杀戮了几十万共产党员和青年学生，摧残了几百万工人、农民。从国民党的角度看来，似乎以为共产主义和共产党一定可以“剿尽杀绝”。但结果却向相反的方向发展了，两种“围剿”最终都走向了失败。军事“围剿”的结果是红军的北上抗日；文化“围剿”的结果是 1935 年“一二·九”抗日救亡运动的爆发。这两种“围剿”的共同结果则是促进了全国人民的觉悟。

以上三者都是积极的结果。其中，最为奇怪的是共产党在国民党统治区域内的一切文化机关中处于毫无抵抗力的地位，而文化“围剿”却失败了，“而共产主义者的鲁迅，却正在这一‘围剿’中成了中国文化革命的伟人”[①]。毛泽东认为，这是令人深思的。当然，反革命“围剿”也造成了消极的结果，即日本帝国主义打进来了。“这就是为什么全国人民至今还是非常痛恨那十年反共的最大原因。”[②]

毛泽东又总结说：“这一时期的斗争，在革命方面，是坚持了人民大众反帝反封建的新民主主义和新三民主义；在反革命方面，则是在帝国主义指挥下的地主阶级和大资产阶级联盟的专制主义。这种专制主义，在政治上，在文化上，腰斩了孙中山的三大政策，腰斩了他的新三民主义，造成了中华民族的深重的灾难。”[③]

第四个时期，是抗日战争时期。这一时期，中国的多个阶级再次结成了统一战线。但是，范围较之前更广了，上层阶级包括了很多统治者，中层阶级包括了民族资产阶级和小资产阶

①《毛泽东选集》第 2 卷，人民出版社 1991 年版，第 702 页。
②《毛泽东选集》第 2 卷，人民出版社 1991 年版，第 702—703 页。
③《毛泽东选集》第 2 卷，人民出版社 1991 年版，第 703 页。

级，下层阶级则包括了一切无产者。全国各阶层结成了盟友，坚决地反抗日本帝国主义。

这个时期又以武汉失陷为界分为两个阶段：第一阶段，即武汉失陷以前，在这一阶段，全国各方面是向前发展的，如政治上有民主化的趋势，文化上有较普遍的动员；第二阶段，即武汉失陷以后，政治情况则发生了许多变化，大资产阶级的一部分，已经投降了敌人，而另一部分也想早日结束抗战。这些反映在文化方面，就出现了叶青、张君劢等人的反动和言论出版的不自由。

毛泽东认为，不击破这些反动思想，抗战就不能胜利。因此，为了克服这种危机，必须同一切反抗战、反团结、反进步的思想进行坚决的斗争。毛泽东勉励全国人民："依据国内国际条件，不论抗战路程上有多少困难，中国人民总是要胜利的。"[①]毛泽东还充分肯定了五四运动以后20年的进步，指出："全部中国史中，五四运动以后二十年的进步，不但赛过了以前的八十年，简直赛过了以前的几千年。"[②]假如再有 20 年的工夫，中国将会取得更大的进步。虽然一些内外黑暗势力仍然猖獗，并且给民族带来了灾难，但是这种猖獗，只是它们最后的挣扎，人民大众要逐渐接近胜利了。

①《毛泽东选集》第 2 卷，人民出版社 1991 年版，第 703 页。
②《毛泽东选集》第 2 卷，人民出版社 1991 年版，第 703 页。

三、民族的科学的大众的文化

《新民主主义论》明确提出："民族的科学的大众的文化，就是人民大众反帝反封建的文化，就是新民主主义的文化，就是中华民族的新文化。"[①]

第一，新民主主义文化是民族的。"它是反对帝国主义压迫，主张中华民族的尊严和独立的。它是我们这个民族的，带有我们民族的特性。它同一切别的民族的社会主义文化和新民主主义文化相联合，建立互相吸收和互相发展的关系，共同形成世界的新文化；但是决不能和任何别的民族的帝国主义反动文化相联合，因为我们的文化是革命的民族文化。"[②]新民主主义文化是民族的，但是我们这种民族文化是开放的文化，是包容的文化，我们绝不是故步自封、孤芳自赏的文化。我们应该大量吸收外国的进步文化，作为自己文化食粮的原料，然而我们在这一点上在过去做得还很不够。当前，我们就需要吸收各种有营养的东西，毛泽东指出："当前的社会主义文化和新民主主义文化，还有外国的古代文化，例如各资本主义国家启蒙时代的文化，凡属我们今天用得着的东西，都应该吸收。"[③]但是，这种吸收并非无原则地生吞活剥地毫无批判地吸收。他认为，对

①《毛泽东选集》第 2 卷，人民出版社 1991 年版，第 708—709 页。
②《毛泽东选集》第 2 卷，人民出版社 1991 年版，第 706 页。
③《毛泽东选集》第 2 卷，人民出版社 1991 年版，第 706—707 页。

任何文化的吸收都需要首先区分精华和糟粕部分，然后有选择地吸收，才能有利于新民主主义文化的发展。毛泽东将这一过程形象地比喻为人们对于食物的获取过程。他说：“一切外国的东西，如同我们对于食物一样，必须经过自己的口腔咀嚼和胃肠运动，送进唾液胃液肠液，把它分解为精华和糟粕两部分，然后排泄其糟粕，吸收其精华，才能对我们的身体有益，决不能生吞活剥地毫无批判地吸收。”[①]因此，“全盘西化”的主张是一种错误的观点。同样，形式主义地吸收外国的东西也是错误的。毛泽东指出，形式主义地吸收外国的东西，在中国是吃过大亏的，如中国共产主义者对马克思主义的应用。毛泽东结合党的历史上的经验教训分析了形式主义地吸收马克思主义的危害。马克思主义作为一种外来文化必须同中国的实际相结合，以一定的民族形式，才能为中国的广大人民所接受，才能有效地指导中国革命并取得成功，形式主义地吸收马克思主义就容易犯各种错误。在中国共产党的历史上，因为没有注意把马克思列宁主义的基本原理和中国革命的具体实践相结合，就曾经出现过陈独秀的右倾错误、瞿秋白和李立三的“左”倾盲动主义错误，以及王明的“左”倾教条主义错误，这些都曾经对我们党造成了极大的危害。因此，对于马克思主义的应用，“必须将马克思主义的普遍真理和中国革命的具体实践完全地恰当地统一起来，就是说，和民族的特点相结合，经过一定的民族形

①《毛泽东选集》第 2 卷，人民出版社 1991 年版，第 707 页。

式，才有用处，决不能主观地公式地应用它”[①]。而公式的马克思主义者，是对马克思主义和中国革命开玩笑，在中国革命队伍中是没有他们的位置的。“中国文化应有自己的形式，这就是民族形式。民族的形式，新民主主义的内容——这就是我们今天的新文化。”[②]

第二，新民主主义的文化是科学的。“它是反对一切封建思想和迷信思想，主张实事求是，主张客观真理，主张理论和实践一致的。”[③]因此，毛泽东指出：“中国无产阶级的科学思想能够和中国还有进步性的资产阶级的唯物论者和自然科学家，建立反帝反封建反迷信的统一战线；但是决不能和任何反动的唯心论建立统一战线。”[④]共产党员可以和某些唯心论者甚至宗教徒建立在政治行动上的反帝反封建的统一战线，但是不能赞同他们的唯心论或宗教教义。中国的长期封建社会中，创造了灿烂的古代文化，其中既有糟粕，也包含精华的部分。毛泽东指出，在清理古代文化的发展过程中，要剔除其封建性的糟粕，吸收其民主性的精华。这是发展民族新文化、提高民族自信心的必要条件，同时，毛泽东又强调这决不能无批判地兼收并蓄，“必须将古代封建统治阶级的一切腐朽的东西和古代优秀的人民文化即多少带有民主性和革命性的东西区别

①《毛泽东选集》第 2 卷，人民出版社 1991 年版，第 707 页。
②《毛泽东选集》第 2 卷，人民出版社 1991 年版，第 707 页。
③《毛泽东选集》第 2 卷，人民出版社 1991 年版，第 707 页。
④《毛泽东选集》第 2 卷，人民出版社 1991 年版，第 707 页。

开来”[①]。关于如何对待中国的历史和历史文化，毛泽东进一步强调，中国现时的新政治新经济是从古代的旧政治旧经济发展而来的，中国现时的新文化同样是从古代的旧文化发展而来，因此，我们必须尊重自己的历史，决不能割断历史。但是这种尊重，不是颂古非今，不是赞扬任何封建的毒素，而是给历史以一定的科学的地位，尊重历史的辩证法的发展。所以，对于人民群众和青年学生，主要引导他们向前看，而不是向后看。

第三，新民主主义的文化是大众的。毛泽东指出：“这种新民主主义的文化是大众的，因而即是民主的。它应为全民族中百分之九十以上的工农劳苦民众服务，并逐渐成为他们的文化。”[②]“那末，什么是人民大众呢？最广大的人民，占全人口百分之九十以上的人民，是工人、农民、兵士和城市小资产阶级。所以我们的文艺，第一是为工人的，这是领导革命的阶级。第二是为农民的，他们是革命中最广大最坚决的同盟军。第三是为武装起来了的工人农民即八路军、新四军和其他人民武装队伍的，这是革命战争的主力。第四是为城市小资产阶级劳动群众和知识分子的，他们也是革命的同盟者，他们是能够长期地和我们合作的。这四种人，就是中华民族的最大部分，就是最广大的人民大众。”“我们的文艺，应该为着上面说的四种

①《毛泽东选集》第 2 卷，人民出版社 1991 年版，第 708 页。
②《毛泽东选集》第 2 卷，人民出版社 1991 年版，第 708 页。

人。”[①]那么，为了使新民主主义的文化深入广大人民群众中间，就要正确处理好普及和提高之间的关系。毛泽东强调，“要把教育革命干部的知识和教育革命大众的知识在程度上互相区别又互相联结起来，把提高和普及互相区别又互相联结起来”[②]，从而全面提高工农劳苦民众的文化水平。

另外，毛泽东还强调了革命文化的重要作用。他认为，革命文化对于人民大众来说，是革命的有力武器。“革命文化，在革命前，是革命的思想准备；在革命中，是革命总战线中的一条必要和重要的战线。”[③]而革命的文化工作者，是这个文化战线上的各级指挥员。列宁指出：“没有革命的理论，就不会有革命的运动。”[④]可见，革命的文化运动对于革命的实践运动具有至关重要的作用。而这种文化运动和实践运动都是群众的，因此，在抗日战争中，一切进步的文化工作者应有自己的文化军队，这个军队就是人民大众。如果“革命的文化人而不接近民众，就是‘无兵司令’，他的火力就打不倒敌人”。为达到这个目的，文字要在一定条件下加以改革，“言语必须接近民众，须知民众就是革命文化的无限丰富的源泉”[⑤]。毛泽东从这一方面充分肯定了新民主主义文化的大众属性。

①《毛泽东选集》第3卷，人民出版社1991年版，第855—856页。
②《毛泽东选集》第2卷，人民出版社1991年版，第708页。
③《毛泽东选集》第2卷，人民出版社1991年版，第708页。
④《列宁全集》第2卷，人民出版社1984年版，第443页。
⑤《毛泽东选集》第2卷，人民出版社1991年版，第708页。

第七章 《新民主主义论》对错误思想的驳斥

毛泽东写作《新民主主义论》之时，中国革命正面临着向何处去的关键抉择。中国革命的前途和方向是什么？中国革命胜利后将建立一个什么样的国家？这是《新民主主义论》需要着重回答的问题。在当时，关于革命胜利后将要建立什么样的国家，各阶级都有着自己的主张。其中，不乏忽略中国当时所处的历史背景，而提出了关于革命前途和指导思想的错误言论。毛泽东则依据中国革命的特点和当时中国所处的国际国内背景，有力驳斥了几种错误的思想，澄清了人们对于革命前途模糊的认识，指明了中国革命的发展前途，加深了人们对新民主主义政治、经济、文化的理解。

一、驳资产阶级专政

中国革命胜利后，要建立一个资产阶级专政的国家，是当时的一种建国主张，资产阶级是这种主张的支持者。他们认为，中国无产阶级的力量还比较弱小，而农民阶级又是一个比较涣散的阶级，因此，只有资产阶级才能担当起领导革命的重任。

资产阶级民主革命只能由资产阶级来领导，无产阶级在这一阶段的历史使命就是帮助资产阶级夺得革命的领导权，完成资产阶级革命，等到资产阶级共和国建立，资本主义充分发展之后，才能进行无产阶级领导的社会主义革命，建立社会主义的国家。当时以蒋介石为代表的国民党极力宣传资产阶级共和国在中国的合理合法性。所以，资产阶级共和国的思想在当时的中国社会上产生了一定的影响。为了批驳资产阶级共和国的建国主张，毛泽东结合当时的国内外形势，明确指出："走建立资产阶级专政的资本主义社会之路吗？诚然，这是欧美资产阶级走过的老路，但无如国际国内的环境，都不容许中国这样做。"[①]

从国际环境来看，资产阶级共和国的道路是走不通的。当时的国际环境，基本上是资本主义和社会主义斗争的环境，正是资本主义向下没落、社会主义向上生长的环境。要在中国建立资产阶级专政的资本主义社会，国际资本主义即帝国主义和社会主义都不容许。

首先，国际资本主义即帝国主义是不容许的。从中国近代的历史就可以看出来，帝国主义侵略中国，反对中国独立，反对中国发展资本主义，中国近代以来历次革命的失败，也都是被帝国主义绞杀的。因此，帝国主义国家绝不允许一个资产阶级共和国在中国建立。毛泽东着重结合日本帝国主义反对中国建立资产阶级专政的国家进行了分析。他指出，日

①《毛泽东选集》第 2 卷，人民出版社 1991 年版，第 679 页。

本帝国主义侵略中国，“是要把中国变成殖民地的；现在是日本在中国发展它的资本主义，却不是什么中国发展资本主义；现在是日本资产阶级在中国专政，却不是什么中国资产阶级专政”[①]。毛泽东进一步指出，现在到了帝国主义最后挣扎的时期了，如列宁说帝国主义是垂死的资本主义。因此，它更加依赖殖民地和半殖民地，它绝不容许任何殖民地半殖民地建立什么资产阶级专政的资本主义社会。例如，现在的日本，陷入严重的经济危机和政治危机的深坑之中，它快要死了，它开始转嫁危机，攻打中国，要把中国变为它的殖民地，因此，它断绝了中国建立资产阶级专政和发展民族资本主义的路。

其次，社会主义国家是不容许的。如前所述，中国革命已经成为世界无产阶级社会主义革命的一部分。因此，中国要独立，“决不能离开社会主义国家和国际无产阶级的援助。这就是说，不能离开苏联的援助，不能离开日本和英、美、法、德、意各国无产阶级在其本国进行反资本主义斗争的援助”[②]。这并不意味着，中国的胜利一定要在日本、英国、美国、法国、德国、意大利各国或其中一两国的革命胜利之后，但中国革命的胜利要加上它们的力量才可以，这是没有疑义的。毛泽东认为，尤其苏联的援助是抗战最后胜利决不可少的条件。“拒绝苏联的

①《毛泽东选集》第 2 卷，人民出版社 1991 年版，第 679—680 页。

②《毛泽东选集》第 2 卷，人民出版社 1991 年版，第 680 页。

援助，革命就要失败。”[1]中国曾经发生了反对苏联的活动，由此导致了巨大的损失。1927 年蒋介石叛变革命后，国民党政府进行了一系列的反苏活动，例如，1927 年 12 月 13 日，国民党反动派枪杀了苏联驻广州的副领事；14 日，南京国民政府下了“绝俄令”，不承认各省驻苏联领事，勒令各省苏联商业机构停止营业。1929 年 7 月，蒋介石又受到帝国主义的唆使，在东北向苏联挑衅，引发了军事冲突。由此，毛泽东进一步指出：“现在的世界，是处在革命和战争的新时代，是资本主义决然死灭和社会主义决然兴盛的时代。在这种情形下，要在中国反帝反封建胜利之后，再建立资产阶级专政的资本主义社会，岂非是完全的梦呓？”[2]

此外，毛泽东还批驳了基马尔主义。由于特殊的条件，在第一次世界大战和俄国十月革命之后，土耳其曾经建立资产阶级专政的政权，也就是基马尔式的资产阶级专政。所谓基马尔又译作凯末尔，是第一次世界大战结束后土耳其民族商业资产阶级的代表人物。第一次世界大战结束后，英国指使希腊对土耳其进行武装侵略，土耳其人民得到苏联的援助，1922 年战胜了希腊军队。1923 年，土耳其建立了资产阶级专政的共和国，基马尔当选为总统。这是在特殊的条件下产生的。但是，“在第二次世界大战和苏联已经完成社会主义建设之后，就决不

①《毛泽东选集》第 2 卷，人民出版社 1991 年版，第 680 页。

②《毛泽东选集》第 2 卷，人民出版社 1991 年版，第 680 页。

会再有一个土耳其，尤其决不容许有一个四亿五千万人口的土耳其”[①]。由于中国的特殊条件，资产阶级的软弱性和妥协性，无产阶级的强大和革命的彻底性，中国不会有土耳其的那种便宜事。1927 年，中国第一次大革命失败后，中国资产阶级分子曾高唱过基马尔主义，但在中国是行不通的。就连在土耳其，基马尔的资产阶级共和国最后也不得不投入英法帝国主义的怀抱，一天天变成了半殖民地,变成了帝国主义反动世界的一部分。因此，在当时的国际环境情况下，殖民地半殖民地国家的人民，只有两种选择：一种是站在帝国主义战线方面，变成世界反革命力量的一部分；另一种是站在反帝国主义的战线方面，变为世界革命力量的一部分。这两条道路，只能选择其一，没有其他的道路可走。

从国内环境来说,资产阶级共和国道路在中国是走不通的。毛泽东以中国的历史事实为依据，指出中国资产阶级应该从这些历史中吸取必要的教训，认清资产阶级共和国道路在中国行不通的事实。中国的资产阶级，是以大资产阶级为首的，1927 年中国革命在无产阶级、农民、小资产阶级的共同努力下刚刚取得胜利的时候，他们就一脚踢开了这些人民大众，独占了革命的果实,转过头来和帝国主义及封建势力结成了反革命联盟，进行了十年的“剿共”内战。十年“剿共”，并没有剿出一个资产阶级专政的资本主义社会，却给中国带来了深重的灾难。毛泽东指出，“剿共”十年“剿”出了一个“一党专政”，却也是

①《毛泽东选集》第 2 卷，人民出版社 1991 年版，第 681 页。

半殖民地半封建的专政；在“剿共”4 年之后，1931 年日本帝国主义发动了“九一八”事变，之后占领了东北三省，“剿”出了一个“满洲国”；再加 6 年，至 1937 年，外部势力趁机入侵，就把一个日本帝国主义“剿”进中国来了，日本发动了卢沟桥事变，开始了全面侵华。在面临深重民族危机的情况下，国共两党实现了第二次合作，共同抵抗日本帝国主义。就是在两党共同抗日进行了两年的时候，国民党又逐渐调整了抗日政策，开始消极抗日，积极反共。毛泽东反问：“现在是当一个强大敌人深入国土、抗日战争已打了两年之后，难道还想抄袭欧美资产阶级已经过时了的老章程吗？过去的‘剿共十年’并没有‘剿’出什么资产阶级专政的资本主义社会，难道还想再来试一次吗？”①

同时，毛泽东深刻揭露了当时国民党的反共阴谋。他指出，同过去十年的“剿共”相比，当前已经出现新的“剿共”典型。并且，汪精卫捷足先登，成为大名鼎鼎的新式反共人物，承担起了新的“剿共”事业。毛泽东指出：谁要加进汪精卫一伙，那么资产阶级专政，资本主义社会，基马尔主义，现代国家，一党专政，一个主义等等花腔，就不好意思唱了。如果不加入汪精卫一伙，要进行抗日，又想于抗日胜利之后，撇开抗日人民，自己独占抗日成果，进行一党专政，这是痴人说梦的。因此，毛泽东强调人民在抗日战争中的重要地位，“抗日，抗日，

①《毛泽东选集》第 2 卷，人民出版社 1991 年版，第 681 页。

是谁之力？离了工人、农民和其他小资产阶级，你就不能走动一步。谁还敢于去踢他们，谁就要变为粉碎，这又岂非成了常识范围里的东西了吗？”[①]依靠人民，依靠工人、农民和其他小资产阶级，中国抗日战争才能取得最终的胜利，撇开人民，独占革命胜利果实，终将导致革命的失败，这是历史留给我们的教训。但是，中国资产阶级顽固派，似乎并没有从中得到什么教训。抗日战争开始后，国民党并没有放弃“反共”的企图。以汪精卫为首的亲日派公开叛变革命，进行“反共”、分裂抗日民族统一战线的活动。以蒋介石为首的国民党亲英美派，随着抗战形势的发展，也开始消极抗日，积极反共，通过“限共”“溶共”“反共”的方针，并先后通过了《限制异党活动办法》《异党问题处理办法》《处理异党问题实施方案》。对于这种情况，毛泽东说：“我们诚心诚意地奉劝这些先生们，你们也应该睁开眼睛看一看中国和世界，看一看国内和国外，看一看现在是什么样子，不要再重复你们的错误了。再错下去，民族命运固然遭殃，我看你们自己的事情也不大好办。”[②]他进一步指出，中国资产阶级顽固派如不觉悟，他们的事情是不妙的，他们将得到一个自寻死路的前途。所以，我们希望中国的抗日民族统一战线坚持下去，不是一家独霸而是大家合作，把抗日的事业推向胜利，才是上策，否则一概是下策。

①《毛泽东选集》第2卷，人民出版社1991年版，第682页。
②《毛泽东选集》第2卷，人民出版社1991年版，第682页。

毛泽东通过对国际、国内情况的分析，有力驳斥了国民党内顽固派企图在中国建立一党专政的资产阶级共和国的政治主张，澄清了人们的思想认识，肃清了这一建国主张对人们的错误影响，从而使人们对中国共产党的建国主张，对新民主主义共和国的认识更加清晰和明确了。

历史是一面镜子，毛泽东早在 20 世纪 30 年代就将理论和实践、历史和现实、国际和国内相结合，科学全面分析了资产阶级共和国在中国是行不通的。时至今日，中国特色社会主义取得了历史性成就，然而，不时有人想在中国搞资本主义无疑是天方夜谭，这说明毛泽东思想仍然具有重要的时代价值和现实意义。因此，我们不能割断中国特色社会主义理论体系与毛泽东思想的联系，而要科学认识和正确处理这两者的关系，不断推进马克思主义中国化，以马克思主义中国化最新理论成果指导新的实践。

二、驳“左”倾空谈主义的“一次革命论”

当时中国不走资产阶级专政的资本主义之路，是否可以走无产阶级专政的社会主义之路呢？毛泽东明确回答，也不可能。针对当时“左”倾空谈主义的“一次革命论”，毛泽东予以严厉驳斥。

所谓“一次革命论”者，主要有两种表现：其一，有些恶意的宣传家，他们故意制造舆论，混淆两个不同的革命阶段，实际上是在鼓吹资产阶级专政，是不要革命论者；其二，是一些似乎并无恶意的人，由于不知道中国革命应该分为两个阶段，混淆了两个不同阶段革命的主要任务，主张毕其功于一役的错误。然而，这两种观点都是有害的。《新民主主义论》分别驳斥了这两种错误的观点。

首先，对一些恶意宣传家故意混淆两个不同的革命阶段，提倡所谓“一次革命论”进行驳斥。这些恶意宣传家鼓吹所有革命都包括在三民主义里面了，三民主义是万能的，共产主义没有存在的理由。他们的这种舆论宣传，就是反对共产党和共产主义，反对八路军、新四军和陕甘宁边区的存在。其险恶目的是想消灭任何革命，反对资产阶级民主革命的彻底性，反对抗日战争的彻底性，从而为投降日寇做舆论准备。毛泽东指出：“这种情形，是日本帝国主义有计划地造成的。”①日本帝国主义攻陷武汉以后，认识到单单通过军事手段并不能完全使中国屈服，于是开始转变对中国的侵略政策，逐渐对中国进行政治进攻和经济诱惑。“所谓政治进攻，就是在抗日阵线中诱惑动摇分子，分裂统一战线，破坏国共合作。所谓经济引诱，就是所谓‘合办实业’。”②具体表现为，在华中华南，日本允许中国资本家投资百分之五十一，日资占百分之四十九；在华北，日本允许中国资本家投资百分之四十九，日资占百分之五十一。

①《毛泽东选集》第2卷，人民出版社1991年版，第684页。
②《毛泽东选集》第2卷，人民出版社1991年版，第684页。

日本还允许将各中国资本家原有产业，发还他们，折合计算，充作资本，由此，和日本人进行经济合作。这样，一些丧尽天良的资本家，就见利忘义。其中，一部分资本家，以汪精卫为代表已经投降日本帝国主义了。另一部分资本家，也想跑去，但他们怕共产党阻挡他们的去路，怕老百姓骂汉奸，于是鼓动一些文人，制造舆论，为他们的投降做思想准备或舆论准备。于是"一次革命论"，共产主义不适合中国国情，共产党在中国没有存在之必要，八路军新四军破坏抗日、游而不击，陕甘宁边区是封建割据，共产党不听话、不统一、有阴谋、要捣乱，各种论调甚嚣尘上。这些人进行舆论鼓吹的目的，是为投降日本帝国主义做舆论准备，真实目的是为自己获取私利，实质是不要革命，而是把全民族的利益出卖给日本帝国主义者。

其次，对迷惑于所谓"举政治革命与社会革命毕其功于一役"的"一次革命论"论的批驳。和那些恶意鼓吹"一次革命论"的人相比，还有另一些人似乎并没有恶意，但是他们也迷惑于"一次革命论"，"迷惑于所谓'举政治革命与社会革命毕其功于一役'的纯主观的想头；而不知革命有阶段之分，只能由一个革命到另一个革命，无所谓'毕其功于一役'"[①]。这些人主要是中国共产党内一些具有"左"倾错误思想的人。这种"左"倾错误思想的产生是有深刻原因的，1927 年大革命失败后，中国革命陷入了低潮。这些共产党人因国民党对革命群众

①《毛泽东选集》第 2 卷，人民出版社 1991 年版，第 685 页。

的血腥屠杀充满了仇恨，幻想中国共产党领导人民群众一举推翻国民党的反动统治，像俄国十月革命一样，建立全国范围的苏维埃政权。他们犯这种错误的主要原因，是对当时中国革命的国情认识不充分，没有认识到中国革命已经陷入了低潮，没有分清楚中国革命应该分为两个阶段，分两步走，而认为政治革命和社会革命可以毕其功于一役。这种观点也是有害的，因为没有分清楚革命的阶段，没有搞清楚当前革命的主要任务，就会降低对当前任务的努力，这对革命的发展也是不利的。按照马克思主义的革命发展论，两个革命阶段中，第一个为第二个准备条件，而两个阶段必须衔接，中间不容横插资产阶级专政的阶段，这是正确的。但是，如果说第一阶段的民主革命没有自己的一定任务，没有自己的一定时间，而可以把只能在另一个时间去完成的另一任务，如社会主义的任务，合并在民主主义任务上面去完成，这就是"毕其功于一役"，是错误的，这是空想，真正的革命者是不会这样做的。正如毛泽东所说："中国现在的革命任务是反帝反封建的任务，这个任务没有完成以前，社会主义是谈不到的。中国革命不能不做两步走，第一步是新民主主义，第二步才是社会主义。而且第一步的时间是相当地长，决不是一朝一夕所能成就的。我们不是空想家，我们不能离开当前的实际条件。"①

①《毛泽东选集》第 2 卷，人民出版社 1991 年版，第 683—684 页。

三、驳顽固派

资产阶级顽固派在政治上企图推行一党专制，在指导思想上一味鼓吹一个主义，即三民主义，主张收起共产主义。为了消除这种论调的影响，毛泽东进行了有力的驳斥，清楚地阐明了共产主义和三民主义的区别，指明了共产主义是人类历史最为先进的社会制度和思想体系，是中国革命发展的最终方向。

新三民主义是国共合作和抗日民族统一战线的政治基础。1937 年 9 月 22 日，《中共中央为公布国共合作宣言》指出："孙中山先生的三民主义为中国今日之必需，本党愿为其彻底的实现而奋斗。"[①]正因为中共的这一宣言，资产阶级顽固派借此大力鼓吹："你们共产党既然把社会主义社会制度推到后一个阶段去了，你们既然又宣称'三民主义为中国今日之必需，本党愿为其彻底实现而奋斗'，那末，就把共产主义暂时收起好了。"[②]在所谓"一个主义"的标题之下，这种论调已经变成了一种狂妄的叫嚣，其本质就是顽固分子们的资产阶级专制主义。为了消除这种思想的影响，毛泽东主要从以下四个方面进行了批驳。

① 中国社会科学院现代史研究室编：《西安事变资料》第 1 辑，人民出版社 1980 年版，第 256 页。

②《毛泽东选集》第 2 卷，人民出版社 1991 年版，第 685—686 页。

首先，对共产主义思想体系进行明确的说明，指明共产主义是人类有史以来最进步、最革命、最合理的思想体系。毛泽东指出："共产主义是无产阶级的整个思想体系，同时又是一种新的社会制度。这种思想体系和社会制度，是区别于任何别的思想体系和任何别的社会制度的，是自有人类历史以来，最完全最进步最革命最合理的。"[①]之所以说共产主义是最为先进的思想体系和社会制度，是因为在人类历史上，封建主义的思想体系和社会制度已经完全过时，已经为时代所抛弃。而资本主义的思想体系和社会制度在当时看来，也已经比较落后了，有一部分已经进了历史的博物馆，这部分是指苏联。俄国十月革命后，苏联建立了社会主义制度，资本主义制度在苏联已经为时代所抛弃。虽然资本主义制度在别的地方还存在，但是已经呈现出没落之势，"日薄西山，气息奄奄，人命危浅，朝不虑夕"[②]，是毛泽东所做的形象的表达。共产主义同这两种思想体系和制度比较，成为最先进的思想体系和社会制度。毛泽东进一步指出："中国自有科学的共产主义以来，人们的眼界是提高了，中国革命也改变了面目。中国的民主革命，没有共产主义去指导是决不能成功的，更不必说革命的后一阶段了。"[③]资产阶级顽固派的目标是建立资产阶级专政的政权，这就是他们叫嚣共产党收起共产主义的真实原因。但是，

①《毛泽东选集》第 2 卷，人民出版社 1991 年版，第 686 页。
②《毛泽东选集》第 2 卷，人民出版社 1991 年版，第 686 页。
③《毛泽东选集》第 2 卷，人民出版社 1991 年版，第 686 页。

共产主义的思想体系是绝不能收起来的，因为一旦收起来，中国就会亡国。

其次，指明承认共产主义是承认统一战线的要求。毛泽东指出，关于社会制度的主张，共产党有现在的纲领和将来的纲领，也就是最低纲领和最高纲领两部分。最低纲领是实现新民主主义，最高纲领是在将来实现社会主义和共产主义，这是有机构成的两部分，都为整个共产主义思想体系所指导。因为共产党的最低纲领和三民主义的政治原则基本上相同，资产阶级顽固派叫嚣“收起”共产主义，这真是荒谬绝伦。毛泽东进一步指出：“正因三民主义的政治原则有和自己的最低纲领基本上相同之点，所以才有可能承认‘三民主义为抗日统一战线的政治基础’，才有可能承认‘三民主义为中国今日之必需，本党愿为其彻底实现而奋斗’，否则就没有这种可能了。”[①]因此，否认共产主义，实际上就是否认统一战线。顽固派否认统一战线，想要奉行“一个主义”，所以造出那些否认共产主义的荒谬说法来。

再次，论证了“一个主义”的不通之处。毛泽东指出，在阶级存在的条件之下，有多少阶级就有多少主义，甚至一个阶级的内部，各集团也有不同的主义。现在封建阶级有封建主义，资产阶级有资本主义，佛教徒有佛教主义，基督徒有基督主义，农民有多神主义，还有人近年来提倡的基马尔主义、法西斯主

①《毛泽东选集》第 2 卷，人民出版社 1991 年版，第 687 页。

义、唯生主义、“按劳分配主义”。因此，无产阶级为什么不可以有一个共产主义呢？同时，“一个主义”的反民权主义的做法是行不通的。

最后，比较了共产主义和三民主义的异同。为了消除误会，从理论上说服资产阶级顽固派，毛泽东对共产主义和三民主义进行了比较。

第一，三民主义和共产主义有着相同部分。三民主义和共产主义关于中国资产阶级民主革命阶段上的基本纲领基本上是相同的。1924 年召开的国民党一大，孙中山重新解释了三民主义，新三民主义中的革命的民族主义、民权主义和民生主义这三个政治原则，同共产主义在民主革命阶段的政治纲领，基本上是相同的。这样由于两党在现阶段的基本纲领有相同的部分，也因为三民主义见之实行，这就为两党结成统一战线奠定了政治基础。

第二，三民主义和共产主义的不同部分。三民主义和共产主义关于中国资产阶级民主革命阶段上的基本纲领是相同的，但是二者也存在着很多不同之处。

一是三民主义和共产主义关于中国资产阶级民主革命阶段上的基本纲领有一部分不相同。共产主义在民主革命阶段的纲领是比较彻底的，如有彻底实现人民的权利、八小时工作制和彻底的土地革命纲领，三民主义在民主革命阶段的纲领则没有这些部分。毛泽东认为，如果三民主义的基本纲领没有补足这些内容，就准备实行，那么二者的民主政纲只是基本相同，并不是完全相同。

二是共产主义有社会主义革命阶段，而三民主义没有这一阶段。共产主义在民主革命阶段之外，还有一个社会主义革命阶段，在最低纲领之外，还有一个最高纲领，那就是实现社会主义和共产主义社会制度的纲领；而三民主义与共产主义相比较则只有民主革命阶段的纲领，没有社会主义革命阶段的纲领，它就只有最低纲领，没有最高纲领，没有建立社会主义和共产主义社会制度的纲领。

三是三民主义和共产主义有不同的宇宙观。“共产主义的宇宙观是辩证唯物论和历史唯物论，三民主义的宇宙观则是所谓民生史观。”[①]这种民生史观，实质上是二元论或唯心论。因此，二者是相反的。

四是三民主义和共产主义革命的彻底性不同。共产主义是理论和实践的统一，有革命的彻底性。三民主义者则并不一定是这样的，毛泽东指出，除了那些最忠实于革命和真理的人们之外，其他人则是理论和实践并不一致的，说的和做的是相互矛盾的，因此没有革命的彻底性。

综上所述，共产主义和三民主义既有统一的部分，在一些方面也存在明显的差别。毛泽东指出：“忽视这种差别，只看见统一方面，不看见矛盾方面，无疑是非常错误的。”[②]这就澄清

①《毛泽东选集》第2卷，人民出版社1991年版，第688页。
②《毛泽东选集》第2卷，人民出版社1991年版，第688页。

了人们对三民主义和共产主义的模糊认识，揭露了资产阶级顽固派要求“收起共产主义”的实质是资产阶级的专制主义的真实面目。

四、驳假三民主义者

在分析了共产主义与三民主义的区别后，毛泽东还对真三民主义和假三民主义进行了区分，即区分了新三民主义和旧三民主义，并深入阐释了联俄、联共、扶助农工三大政策的新三民主义。

毛泽东指出，与共产主义的最低纲领的政治原则基本上相同，作为抗日民族统一战线的政治基础，并为中国今日所必需，中国共产党愿为之彻底实现而奋斗的三民主义，不是任何别的三民主义，而是新三民主义。这种新三民主义，是孙中山先生在《中国国民党第一次全国代表大会宣言》中所重新解释的三民主义。在这篇宣言中，孙中山指出，“民族主义，有两方面之意义：一则中国民族自求解放；二则中国境内各民族一律平等”；民权主义，非“为资产阶级所专有，适成为压迫平民之工具”，而“为一般平民所共有，非少数者所得而私也”；民生主义的原则“一曰平均地权；二曰节制资本”[①]。因此，“国民党之三民

①《孙中山选集》，人民出版社 2011 年版，第 614，616 页。

主义，其真释具如此”[①]。由此，只有《中国国民党第一次全国代表大会宣言》对三民主义的解释才是“真释”，其他一切都是伪释，只有新三民主义，才是真三民主义，其他都是伪三民主义。这篇宣言，划分了三民主义的两个历史时代。“在这以前，三民主义是旧范畴的三民主义，是旧的半殖民地资产阶级民主革命的三民主义，是旧民主主义的三民主义，是旧三民主义。在这以后，三民主义是新范畴的三民主义，是新的半殖民地资产阶级民主革命的三民主义，是新民主主义的三民主义，是新三民主义。”[②]

在区分了新旧三民主义的基础上，毛泽东指出：“这种新时期的革命的三民主义，新三民主义或真三民主义，是联俄，联共，扶助农工三大政策的三民主义。没有三大政策，或三大政策缺一，在新时期中，就都是伪三民主义，或半三民主义。”[③]那么，何谓联俄、联共、扶助农工三大政策的三民主义呢？毛泽东又一一加以分析。

第一，革命的三民主义，新三民主义，或真三民主义，必须是联俄的三民主义。当时，是社会主义国家和帝国主义国家两个战线相斗争的时期。中国如果没有联俄政策，不同社会主义国家联合，那就必然是联帝政策，必然同帝国主义联合。当全地球都要卷进这两个战线中去，在今后的世界中很明显，中

①《孙中山选集》，人民出版社 2011 年版，第 618 页。
②《毛泽东选集》第 2 卷，人民出版社 1991 年版，第 689—690 页。
③《毛泽东选集》第 2 卷，人民出版社 1991 年版，第 690 页。

国不站在苏联社会主义国家这方面，就要站在帝国主义那方面，这是必然的趋势，想要实现“中立”是不可能的。而且，中国是在同一个深入中国国土的帝国主义战斗，如果没有苏联帮助，就很难取得最后胜利。反之，如果站在帝国主义的战线中，那就必须将“革命”二字取消，变成反动的三民主义。总之，“中立”的三民主义是不可能的，只有革命的或反革命的三民主义。因此，“革命的三民主义，新三民主义，或真三民主义，必须是联俄的三民主义，决不能是同帝国主义联合反俄的三民主义”[①]。

第二，革命的三民主义，新三民主义，或真三民主义，必须是联共的三民主义。毛泽东指出：“如不联共，就要反共。”[②]而反共是日本帝国主义和汪精卫的政策，要反共就要加入他们的阵营，这就有了当汉奸的嫌疑。如果，不跟日本走，跟着别国走，只要反共也还是汉奸，因为反共就不能再抗日了。再者，不跟随任何国家，独立反共，这即梦话。因为在殖民地半殖民地国家，不靠帝国主义之力则干不成反革命大事。国共十年内战时期，国民党差不多动员了全世界帝国主义的气力，反了十年之久也没能反了共产党，那么在抗日战争时期也是不可能的。中国共产党主张积极的抗日政策，积极组织抗日，从而赢得了广大老百姓的支持，如果采取“反共”的政策，老百姓是决不

①《毛泽东选集》第 2 卷，人民出版社 1991 年版，第 691 页。
②《毛泽东选集》第 2 卷，人民出版社 1991 年版，第 691 页。

允许的。“老百姓欢喜‘共’，却不欢喜‘反’。老百姓是决不容情的，在一个民族敌人深入国土之时，你要反共，他们就要了你的命。”[①]所以，谁要反共谁就要准备变成齑粉。因此，三民主义，必须是联共的三民主义，否则，三民主义就要灭亡。联共关乎三民主义的存亡问题，联共则三民主义存，反共则三民主义亡。

第三，革命的三民主义，新三民主义，或真三民主义，必须是农工政策的三民主义。毛泽东指出：“中国的革命实质上是农民革命，现在的抗日，实质上是农民的抗日。新民主主义的政治，实质上就是授权给农民。”[②]因此，新三民主义，或真三民主义，实质上就是农民革命主义。抗日战争实质上就是农民战争。抗日的一切，生活的一切，基本上都是农民给的。中国有百分之八十的人口是农民，因此，农民问题成为中国革命的基本问题，农民的力量，是中国革命的主要力量，农民阶级是中国革命的主力军。除了农民，中国人口中第二个部分就是工人。中国的无产阶级是新的社会生产力的代表，是近代最进步的阶级，是中国革命的领导者，中国的无产阶级在中国社会发展和革命进程中都起着重要的作用。中国有产业工人数百万，有手工业工人和农业工人数千万，他们是工业经济的生产者，如果没有这些工业工人，中国就不能生

① 《毛泽东选集》第 2 卷，人民出版社 1991 年版，第 691 页。
② 《毛泽东选集》第 2 卷，人民出版社 1991 年版，第 692 页。

活。同时，他们是中国革命的领导者，他们最富于革命性，没有近代工业工人阶级，中国革命也不能胜利。因此，革命的三民主义，新三民主义，或真三民主义，必然是农工政策的三民主义。

综上所述，新时期的革命的三民主义，新三民主义，或真三民主义，必然是联俄、联共、扶助农工三大政策的三民主义，离开三大政策的三民主义是没有前途的。毛泽东进一步强调："这种三大政策的三民主义，革命的三民主义，新三民主义，真三民主义，是新民主主义的三民主义，是旧三民主义的发展，是孙中山先生的大功劳，是在中国革命作为社会主义世界革命一部分的时代产生的。只有这种三民主义，中国共产党才称之为'中国今日之必需'，才宣布'愿为其彻底实现而奋斗'。只有这种三民主义，才和中国共产党在民主革命阶段中的政纲，即其最低纲领，基本上相同。"[①]

至于旧三民主义，毛泽东指出："那是中国革命旧时期的产物。那时的俄国是帝国主义的俄国，当然不能有联俄政策；那时国内也没有共产党，当然不能有联共政策；那时工农运动也没有充分显露自己在政治上的重要性，尚不为人们所注意，当然就没有联合工农的政策。"[②]但如果在新时期，在新三民主义已经建立之后，还要遵循老的一套；在有了社

①《毛泽东选集》第 2 卷，人民出版社 1991 年版，第 692—693 页。
②《毛泽东选集》第 2 卷，人民出版社 1991 年版，第 693 页。

会主义国家之后，要反对联俄；在有了共产党之后，要反对联共；在工农已经觉悟并显示了自己的政治威力之后，要反对农工政策。那么，它就是反动的三民主义，就是假的三民主义。因此，这种旧三民主义，就同共产主义的最低纲领基本上没有什么相同之点，因为它是旧时期的，是过时了的三民主义。更甚，如果有一种三民主义，它要反俄、反共、反农工，那它就是反动的三民主义，它非但和共产主义的最低纲领没有丝毫相同之点，而且是共产主义的敌人。同时，毛泽东认为，在反帝反封建的任务没有完成以前，一切有良心的人们是不会放弃新三民主义的，总会有一批有良心的有正义感的人们继续拥护孙中山的真三民主义。尤其是，在一个民族敌人深入中国国土的时候，这种人无疑将是成千成万的。“我们共产党人将始终和一切真诚的三民主义者实行长期合作，除了汉奸和那班至死不变的反共分子外，我们是决不抛弃任何友人的。”[①]

毛泽东在《新民主主义论》中不仅创造性提出了新民主主义的政治、经济、文化纲领，从理论上系统回答了什么是新民主主义社会、怎样建设新民主主义社会的一系列问题，而且极力批驳了当时几股政治派别和势力所持的错误认识和主张。通过正反比较，可以更加清晰地认识到新民主主义理论的科学性，坚定对中国革命前途必胜的信心，体现了新民主主义理论

①《毛泽东选集》第 2 卷，人民出版社 1991 年版，第 694 页。

强大的吸引力和说服力。今天,中国特色社会主义进入新时代,习近平新时代中国特色社会主义思想已经形成。党的十九大报告系统阐述了习近平新时代中国特色社会主义思想的科学内涵和精神实质。我们在认识和理解这一思想的同时，既要正确处理习近平新时代中国特色社会主义思想和中国特色社会主义理论体系的关系，也要科学把握中国特色社会主义理论体系和毛泽东思想的联系，还要客观看待中国特色社会主义和科学社会主义的一致性和差异性，大胆澄清中国特色社会主义和西欧的社会民主主义的本质区别，更要敢于批驳中国特色社会主义就是中国特色资本主义的错误观点，从而坚定对中国特色社会主义的道路自信、理论自信、制度自信和文化自信，不断把中国特色社会主义伟大事业继续推向前进。

第八章　《新民主主义论》对于马克思主义中国化的时代意义

《新民主主义论》的发表，标志着新民主主义理论体系的成熟和完备，是马克思主义中国化的优秀成果和典范。尤其是关于中国革命的一系列理论，推动和发展了马克思主义，对中国的革命实践发挥了重要的指导作用。

一、丰富和发展了马克思主义关于革命的理论

马克思、恩格斯、列宁关于民主革命的基本理论对中国革命理论的产生和发展起着重要的作用，如无产阶级领导权的思想、工农联盟思想、“不断革命”思想等曾成为中国新民主主义革命的直接理论来源。《新民主主义论》在继承马克思主义基本原理的基础上，结合中国革命的实际，丰富和发展了马克思主义关于革命的理论，推进了马克思主义中国化的进程。

首先，《新民主主义论》丰富和发展了马克思主义不断革命的理论。不断革命论是马克思、恩格斯关于民主革命理论的基

石。马克思、恩格斯所阐述的“不断革命”思想，是无产阶级首先以推翻封建专制为主要任务的民主革命，帮助资产阶级取得统治地位，然后再进行推翻资产阶级统治的社会主义革命，后来这一思想被概括为“不断革命论”。

马克思主义认为，无产阶级在实现共产主义的革命过程中，需要经过既相互区别又相互联系的不同革命阶段。在落后的国家，无产阶级要想取得革命的胜利，首先应当积极参加本国资产阶级反对本国封建主义的斗争。等到革命胜利后，资产阶级夺取了国家的政权，无产阶级应当立即开展革命斗争，不断把革命推向前进，最终建立无产阶级领导的社会主义和共产主义社会。1848 年，马克思、恩格斯在《共产党宣言》中就已经提出“不断革命”的思想，“共产党人为工人阶级的最近的目的和利益而斗争，但是他们在当前的运动中同时代表运动的未来”[①]。1850 年，马克思、恩格斯在《共产主义者同盟中央委员会告同盟书》中提出，无产阶级的任务是“要不断革命，直到把一切大大小小的有产阶级的统治全部消灭，直到无产阶级夺得国家政权”[②]。概言之，马克思、恩格斯的不断革命论的要旨在于：第一，落后国家的无产阶级肩负着民主革命和社会主义革命两重任务，无产阶级为自身阶级的长远利益，必须先帮助资产阶级进行民主革命，然后再进行社会主义革命；第二，民主

①《马克思恩格斯文集》第 2 卷，人民出版社 2009 年版，第 65 页。
②《马克思恩格斯文集》第 2 卷，人民出版社 2009 年版，第 192 页。

革命的成功，只能是资产阶级的胜利，但这种胜利为无产阶级进行社会主义革命创造了条件；第三，在民主革命胜利之后，无产阶级应立即开始反对资产阶级的斗争，进行社会主义革命。

列宁在领导俄国革命的过程中，丰富和发展了马克思、恩格斯的不断革命论。他把俄国革命划分为民主革命和社会主义革命两个不同的阶段。他认为，这两个不同性质的革命阶段构成了各国革命本身。“一种是在目前的专制农奴制内部发生的，另一种是在未来的、正在我们面前诞生的资产阶级民主制度内部发生的。一种是全体人民争取自由（争取资产阶级社会的自由）、争取民主，即争取人民专制的斗争，另一种则是无产阶级为争取社会主义社会制度而同资产阶级进行的阶级斗争。”[①]他认为，民族革命和社会主义革命是一个完整的革命过程，但是就民主革命和社会主义革命自身来说，是有着严格的区别的，混淆民主革命和社会主义革命是荒谬的事情。资产阶级民主革命的胜利为社会主义革命的胜利扫清障碍，社会主义革命的胜利是资产阶级民主革命的最终前途。列宁要求俄国社会民主党人在争取民主革命胜利的时候，时刻不能忘记社会主义革命胜利的目标，不要忘记将来为了争取社会主义胜利要同资产阶级小资产阶级进行阶级斗争。在《社会民主党对农民运动的态度》一文中，列宁指出：“因为我们将立刻由民主革命开始向社会主

①《列宁全集》第 11 卷，人民出版社 1987 年版，第 284—285 页。

义革命过渡，并且正是按照我们的力量，按照有觉悟有组织的无产阶级的力量开始向社会主义革命过渡。我们主张不断革命。我们决不半途而废。”[①]

中国共产党提出的“中国革命两步走”思想，即马克思列宁主义不断革命论在中国的运用和发展。在中国革命的过程中，在毛泽东正式提出新民主主义革命理论以前，在革命阶段论上存在“一次革命论”和“二次革命论”的错误。“一次革命论者”看不到两个革命阶段存在着差别，否认资产阶级革命之后中国革命会暂时地处于低潮，认为应该不断进行革命，以争取革命的最后胜利，实际上是否定了马克思列宁主义的革命发展阶段论。“二次革命论者”认为在资产阶级革命和社会主义革命之间，存在着一个资产阶级专政的社会，无产阶级的任务是将来起来推翻资产阶级的领导，夺取社会主义革命的胜利。这就否认了无产阶级对资产阶级民主革命的领导权，否认了民主革命将转变为社会主义革命的前途和可能性，实质上是否定了马克思列宁主义的不断革命的思想。

这两种错误不管出现哪一种，都会葬送中国革命。毛泽东将马克思列宁主义的指导原则和中国革命的实际很好地结合起来，创造性地提出了新民主主义革命的理论，真正把马克思列宁主义不断革命论和革命阶段论相统一。他指出，中国革命的历史进程分为民主革命和社会主义革命两个阶段。

①《列宁选集》第1卷，人民出版社1995年版，第650页。

但是，中国当时的资产阶级民主革命和以往资产阶级民主革命存在差别，最大区别就是领导阶级发生了变化，以前资产阶级革命的领导阶级是资产阶级，而中国当时的资产阶级革命的领导阶级是无产阶级。之所以中国当时的革命称为资产阶级革命，主要是因为革命的任务是反帝反封建。但是，由于有了无产阶级的领导，中国的资产阶级革命的前途已经不是旧的、被资产阶级领导的、以建立资本主义社会和资产阶级专政为目的的旧民主主义革命，而是新民主主义革命。由于有了无产阶级的领导，资产阶级革命的前途是在中国建立社会主义社会。毛泽东也指出，新民主主义革命和社会主义革命是不相同的，资产阶级民主革命的主要任务是反帝反封，建立新民主主义的共和国。而社会主义革命的主要任务是反对资产阶级的统治，目标是建立社会主义，最终实现共产主义。这就是两个革命阶段的联系和区别。新民主主义革命的理论，避免了“一次革命论者”和“二次革命论者”所犯的错误，既区分了两个革命发展阶段的不同，又注重了两个革命发展阶段的联系，丰富和发展了马克思列宁主义关于不断革命的理论。

其次，《新民主主义论》丰富和发展了马克思列宁主义关于无产阶级领导权的思想。马克思、恩格斯在阐述无产阶级参加民主革命理论时，一再强调无产阶级要保持自己的独立性，不要沦为资产阶级的尾巴。但由于时代的局限性，他们并没有提出无产阶级掌握民主革命的领导权的思想。列宁在领导俄国革命的实践中，将马克思主义关于民主革命的理论与俄国革命的具体实践结合起来，提出了无产阶级掌握民主革命领导权的思想。

19 世纪 40 年代，面对欧洲各国爆发的资产阶级民主革命，马克思和恩格斯认为无产阶级可以加入资产阶级革命中去，但是同时要在革命组织中保持自己的独立性。《共产主义者同盟中央委员会告同盟书》指出："不应再度降低自己的地位，去充当资产阶级民主派的随声附和的合唱队，而应该谋求在正式的民主派旁边建立一个秘密的和公开的独立工人政党组织"，"无产阶级的立场和利益问题应该能够进行独立讨论而不受资产阶级的影响"[①]。那时的无产阶级力量毕竟是十分弱小的，马克思和恩格斯还没有提出无产阶级领导权的问题。随着无产阶级的壮大和发展，以及无产阶级革命实践的发展，列宁在《社会民主党在民主革命中的两种策略》中指出："马克思主义教导无产者不要避开资产阶级革命，不要对资产阶级革命漠不关心，不要把革命中的领导权交给资产阶级，相反地，要尽最大的努力参加革命，最坚决地为彻底的无产阶级民主主义、为把革命进行到底而奋斗。"[②]这就是列宁提出的无产阶级掌握革命领导权的思想。

中国共产党把马克思列宁主义基本原理和中国革命的实际

①《马克思恩格斯文集》第 2 卷，人民出版社 2009 年版，第 193 页。
②《列宁选集》第 1 卷，人民出版社 1995 年版，第 558 页。

情况相结合，深刻阐明了在半殖民地半封建的中国，无产阶级夺取革命领导权的必然性和可能性。毛泽东指出："在中国，事情非常明白，谁能领导人民推翻帝国主义和封建势力，谁就能取得人民的信仰，因为人民的死敌是帝国主义和封建势力、而特别是帝国主义的缘故。在今日，谁能领导人民驱逐日本帝国主义，并实施民主政治，谁就是人民的救星。历史已经证明：中国资产阶级是不能尽此责任的，这个责任就不得不落在无产阶级的肩上了。"[①]他进一步强调无产阶级在新民主主义共和国建设中的领导地位，"现在所要建立的中华民主共和国，只能是在无产阶级领导下的一切反帝反封建的人们联合专政的民主共和国"[②]。结合中国革命的历史进程，毛泽东深刻分析了中国革命敌人的强大和中国资产阶级的软弱，提出无产阶级掌握革命领导权的思想。坚持无产阶级及其政党对民主革命的领导权，是区分旧民主主义革命和新民主主义革命的主要标志。因此，《新民主主义论》丰富和发展了马克思列宁主义关于无产阶级领导权的思想。

最后，《新民主主义论》丰富和发展了马克思列宁主义关于同盟军的理论。在革命的最初阶段，无产阶级力量是比较弱小的。为此，马克思、恩格斯指出无产阶级应该同其他革命的阶层结成同盟军，以争取革命的胜利。恩格斯在《1847年的运动》

①《毛泽东选集》第2卷，人民出版社1991年版，第674页。
②《毛泽东选集》第2卷，人民出版社1991年版，第675页。

一文中指出："毫无疑问，总有一天贫困破产的农民会和无产阶级联合起来，到那时无产阶级会发展到更高的阶段，向资产阶级宣战。"[①]马克思指出：只有形成工农的联盟，"无产阶级革命就会形成一种合唱，若没有这种合唱，它在一切农民国度中的独唱是不免要变成孤鸿哀鸣的"[②]。同时，马克思和恩格斯看到了无产阶级政党在一定条件下联合资产阶级民主派的必要性。他们在《共产党宣言》中指出："在德国，只要资产阶级采取革命的行动，共产党就同它一起去反对专制君主制、封建土地所有制和小资产阶级。""共产党人到处都支持一切反对现存的社会制度和政治制度的革命运动。""共产党人到处都努力争取全世界民主政党之间的团结和协调。"[③]列宁也十分注重同其他阶级建立同盟军的问题。他说："要战胜更强大的敌人，就必须尽最大的努力，同时必须极仔细、极留心、极谨慎、极巧妙地一方面利用敌人之间的一切'裂痕'，哪怕是最小的'裂痕'，利用各国资产阶级之间以及各个国家内资产阶级各个集团或各种类别之间利益上的一切对立，另一方面要利用一切机会，哪怕是极小的机会，来获得大量的同盟者，尽管这些同盟者可能是暂时的、动摇的、不稳定的、不可靠的、有条件的。谁不懂得这一点，谁就是丝毫不懂得马克思主义，丝毫不懂得现代的科学社会主义。谁要是没有在相当长的时期内和在各种相当复杂

①《马克思恩格斯全集》第 4 卷，人民出版社 1958 年版，第 511 页。
②《马克思恩格斯文集》第 2 卷，人民出版社 2009 年版，第 573 页。
③《马克思恩格斯文集》第 2 卷，人民出版社 2009 年版，第 66 页。

的政治形势下，在实践上证明他确实会运用这个真理，谁就还没有学会帮助革命阶级去进行斗争，使全体劳动人类从剥削者的压榨下解放出来。以上所说的一切，对于无产阶级夺取政权以前和以后的时期，都是同样适用的。”[①]列宁尤其注重工农联盟问题，指出：“只有农民群众加入无产阶级的革命斗争，无产阶级才能成为战无不胜的民主战士。”[②]

中国是一个两头大中间小的社会，大资产阶级和无产阶级都只占人口的少数，人口的大多数是中间阶层，特别是占大多数的农民。然而，中国革命的敌人是异常凶猛和强大的，不仅有本国的封建势力，还有外来的帝国主义势力。要想战胜本国的封建势力和外来的帝国主义，必须团结最广大的革命力量。毛泽东指出：“中国无产阶级、农民、知识分子和其他小资产阶级，乃是决定国家命运的基本势力。这些阶级，或者已经觉悟，或者正在觉悟起来，他们必然要成为中华民主共和国的国家构成和政权构成的基本部分。”[③]同时，毛泽东还指出民族资产阶级是我们在一定时期的联合对象，他说：“由于中国民族资产阶级是殖民地半殖民地国家的资产阶级，是受帝国主义压迫的，所以，虽然处在帝国主义时代，他们也还是在一定时期中和定程度上，保存着反对外国帝国主义和反对本国官僚军阀政府（这后者，例如在辛亥革命时期和北伐战争时期）的革命性，可

①《列宁选集》第4卷，人民出版社1995年版，第180页。

②《列宁选集》第1卷，人民出版社1995年版，第566—567页。

③《毛泽东选集》第2卷，人民出版社1991年版，第674—675页。

以同无产阶级、小资产阶级联合起来，反对它们所愿意反对的敌人。”[①]毛泽东认为，中国无产阶级、农民、知识分子和其他小资产阶级是决定国家命运的基本势力，同时强调中国的民族资产阶级在一定时期内具有一定的革命性。因此，中国无产阶级要同他们建立反对帝国主义和封建主义的统一战线，继承和发展了马克思列宁主义关于同盟军的理论。

二、丰富和发展了马克思主义关于过渡时期的理论

马克思、恩格斯、列宁关于过渡时期的理论，是马克思主义革命理论的重要组成部分。他们根据各自所处的历史条件和革命实践，多方面阐述了过渡时期的理论，为中国新民主主义革命理论的形成奠定了重要的理论基础。

由资本主义向社会主义过渡，是马克思、恩格斯十分关注的问题。1875 年，马克思在《哥达纲领批判》一书中明确阐述了过渡时期的理论，指出:“我们这里所说的是这样的共产主义社会，它不是在它自身基础上已经发展了的，恰好相反，是刚刚从资本主义社会中产生出来的。”同时，他进一步指出：“在资本主义社会和共产主义社会之间，有一个从前者变为后者的革命转变时期。同这个时期相适应的也有个政治上的过渡时期，

①《毛泽东选集》第 2 卷，人民出版社 1991 年版，第 673 页。

这个时期的国家只能是无产阶级的革命专政。”[1]这就说明了在资本主义社会向共产主义社会过渡的过程中无产阶级专政的必要性。另外，马克思、恩格斯在晚年时改变了过去所认为的必须经过资本主义发展到社会主义的看法，认为俄国等经济文化落后的东方国家，可以借鉴和吸收资本主义的一切积极成果，跨越资本主义阶段，直接过渡到社会主义，这为落后国家直接过渡到社会主义提供了指导。

列宁继承了马克思主义过渡时期理论，并结合俄国革命斗争的实践，丰富和发展了这一理论。俄国十月革命取得胜利，无产阶级专政的国家政权在俄国真正实现，列宁在俄国革命实践的基础上丰富和完善了过渡时期国家的理论。列宁认为：“在资本主义和共产主义之间有一个过渡时期，这在理论上是毫无疑义的。”[2]而且，“从向着共产主义发展的资本主义社会过渡到共产主义社会，非经过一个‘政治上的过渡时期’不可，而这个时期的国家只是无产阶级的革命专政”[3]。他又指出，一切殖民地和落后国家，在本国无产阶级的领导下，“在先进国家无产阶级的帮助下，落后国家可以不经过资本主义发展阶段而过渡到苏维埃制度，然后经过一定的发展的阶段过渡到共产主义”[4]。

①《马克思恩格斯文集》第3卷，人民出版社2009年版，第434、443页。
②《列宁选集》第4卷，人民出版社1995年版，第59页。
③《列宁选集》第3卷，人民出版社1995年版，第188页。
④《列宁选集》第4卷，人民出版社1995年版，第279页。

从马克思到列宁，都认为在资本主义社会完结后，必然有一个过渡时期，这时期的国家只能是无产阶级专政，只有经过这一过渡时期才能达到社会主义社会和共产主义社会。列宁对无产阶级专政国家的过渡时期做了进一步的说明："怎样实际地从旧的、习惯了的、大家都熟悉的资本主义向新的、还没有产生的、没有牢固基础的社会主义过渡，却是一个最困难的任务。这一过渡搞得好也需要许多年。"[①]对于政治、经济、文化发展落后的国家更是这样，列宁指出："由于历史进程的曲折而不得不开始社会主义革命的那个国家愈落后，它由旧的资本主义关系过渡到社会主义关系就愈困难。"[②]并且，在小农经济占优势的国家，不能从资本主义直接过渡到社会主义，必须采取一系列特殊的过渡办法。

马克思列宁主义关于过渡时期的理论及其在俄国的实践，为落后国家过渡到社会主义提供了理论依据和经验借鉴。毛泽东把马克思列宁主义关于过渡时期的理论和中国革命的实际情况相结合，提出了通过建立新民主主义的社会和经由新民主主义共和国，从而走向社会主义的道路。毛泽东在分析了民主革命和社会主义革命的基础上，指出中国革命的第一阶段，"决不是也不能建立中国资产阶级专政的资本主义的社会，而是要建立以中国无产阶级为首领的中国各个革命阶级联合专政的新民

①《列宁选集》第 38 卷，人民出版社 2017 年版，第 120 页。
②《列宁选集》第 3 卷，人民出版社 1995 年版，第 436 页。

主主义的社会，以完结其第一阶段。然后，再使之发展到第二阶段，以建立中国社会主义的社会”[①]。毛泽东明确区分了民主革命和社会主义革命两个阶段，明确提出把建立新民主主义社会作为由资本主义向社会主义过渡的社会形态，丰富和发展了马克思列宁主义关于过渡时期的理论。

三、丰富和发展了马克思主义关于国家形态的理论

根据中国革命的具体实践，毛泽东创造性地提出把建立新民主主义社会作为由资本主义向社会主义过渡的社会形态，并多方面分析和论述了这种新的社会形态，丰富和发展了马克思主义关于国家形态的理论。

毛泽东认为，中国革命必须首先建立起几个阶级联合专政的新民主主义的国家，在此基础上才能建立社会主义的国家。这种几个阶级联合专政的新民主主义的国家，毛泽东将其表述为新民主主义共和国，这是一种独特的国家类型。这种新民主主义共和国与资产阶级专政的资本主义的共和国和苏联无产阶级专政的社会主义的共和国都不同，毛泽东明确区分了新民主主义共和国与这两种国家类型的区别。他指出：“这种新民主主义共和国，一方面和旧形式的、欧美式的、资产阶级专政的、

①《毛泽东选集》第 2 卷，人民出版社 1991 年版，第 672 页。

资本主义的共和国相区别，那是旧民主主义的共和国，那种共和国已经过时了；另一方面，也和苏联式的、无产阶级专政的、社会主义的共和国相区别，那种社会主义的共和国已经在苏联兴盛起来，并且还要在各资本主义国家建立起来，无疑将成为一切工业先进国家的国家构成和政权构成的统治形式；但是那种共和国，在一定的历史时期中，还不适用于殖民地半殖民地国家的革命。”[①]因此，这两种国家类型都不适用于殖民地半殖民的国家。毛泽东认为，一切殖民地半殖民地国家的革命在一定历史时期中所采取的国家形式，“只能是第三种形式，这就是所谓新民主主义共和国。这是一定历史时期的形式，因而是过渡的形式，但是不可移易的必要的形式”[②]。毛泽东还从新民主主义共和国的政治、经济、文化三方面进行了展开和论述。在政治上，国体是无产阶级领导的各个革命阶级的联合专政，政体采取人民代表大会的形式。在经济上，走“节制资本”和“平均地权”的路，没收大银行、大工业、大商业，归新民主主义共和国所有，在私人资本主义经济不能操纵国计民生的前提下，允许私人资本主义经济的发展，同时，扫除农村中的封建关系，实行“平均地权”，变土地为农民的私产。在文化上，是无产阶级领导的人民大众反帝反封建的文化，民族的、科学的、大众的文化。

①《毛泽东选集》第 2 卷，人民出版社 1991 年版，第 675 页。
②《毛泽东选集》第 2 卷，人民出版社 1991 年版，第 675 页。

《新民主主义论》勾画了一幅崭新的政治、经济和文化的蓝图，宣告了一种新的国家（社会）制度将要在中国大地上出现。毛泽东提出的新民主主义共和国的理论，是把马克思列宁主义关于国家形态的理论和中国革命的实际情况相结合的产物，为中国新民主主义革命指明了方向，同时创新和发展了马克思列宁主义关于国家形态的理论。

第九章　《新民主主义论》对新时代中国特色社会主义的意义

《新民主主义论》创造性地提出和回答了“什么是新民主主义社会，怎样建设新民主主义社会”的重大理论问题，为中国革命胜利后建立一个什么样的社会、怎样建设这样的社会提供了理论指导，为中国革命取得成功并由新民主主义社会过渡到社会主义社会指明了前进方向。因此，《新民主主义论》是中国共产党第一次提出的社会革命的理论分析与框架构建，为此后的革命、建设和改革的理论阐述提供了理论框架，具有重大的理论价值。精读精学这一理论，对于我们深刻理解“什么是新时代中国特色社会主义，怎样建设新时代中国特色社会主义”，具有极其重要的启示和意义。

一、“五位一体”是新时代中国特色社会主义的纲领

党的十八大报告正式确立了“五位一体”的总体布局。党的十九大通过的《中国共产党章程》指出：“必须按照中国特色

社会主义事业‘五位一体’总体布局和‘四个全面’战略布局，统筹推进经济建设、政治建设、文化建设、社会建设、生态文明建设，协调推进全面建成小康社会、全面深化改革、全面依法治国、全面从严治党。”[①]其中，“五位一体”总体布局是中国特色社会主义事业的总纲领，“五位一体”总体布局突出了生态文明建设的重要地位，这就要求我们在狠抓经济建设、政治建设、文化建设、社会建设的同时注重生态文明建设，缺一不可，五管齐下，只有坚持“五位一体”，全面推进、协调发展，才能形成经济富裕、政治民主、文化繁荣、社会公平、生态良好的发展格局，把我国建设成为富强、民主、文明、和谐、美丽的社会主义现代化国家。

第一，加强经济建设。经济建设是中国特色社会主义事业的中心工作，是其他事业发展的基础和前提。改革开放40年来，坚持“以经济建设为中心”是中国取得的一切成就和发展的关键钥匙。然而，对经济建设的强调并不阻碍其他方面的发展，反而，以经济建设作为基础，更加促进政治建设、文化建设、社会建设、生态文明建设的长久进步与全面发展。

第二，加强政治建设。大力发展社会主义民主政治是中国特色社会主义事业的奋斗目标。加强政治建设，就能够保证人民依法通过各种途径和形式管理国家事务，管理经济文化事业，管理社会事务，巩固和发展生动活泼、安定团结的政治局面。

---

① 《中国共产党第十九次全国代表大会文件汇编》，人民出版社2017年版，第70页。

这不仅能够调动广大人民群众的积极性，使我们的社会有活力，而且能解决一些社会治理方面的难题，可谓一劳永逸。

第三，加强文化建设。文化建设既是建设物质文明的重要条件，也是提高人民思想觉悟和道德水准的重要条件。加强文化建设就是发展教育、科学、文学艺术、新闻出版、广播电视、卫生体育、图书馆、博物馆等各项文化事业的活动。在意识层面，就表现为深入践行社会主义核心价值观，“社会主义核心价值观是社会主义核心价值体系的内核，体现社会主义核心价值体系的根本性质和基本特征，反映社会主义核心价值体系的丰富内涵和实践要求，是社会主义核心价值体系的高度凝练和集中表达”[①]。党的十八大以来，中央高度重视培育和践行社会主义核心价值观，习近平同志多次作出重要论述、提出明确要求。因此，践行社会主义核心价值观，加强文化建设，人民才有信仰，国家才有力量，民族才有希望。

第四，加强社会建设。社会建设，关乎民生，关乎国家长治久安，是中国特色社会主义“五位一体”总体布局的重要组成部分。加强社会建设，就是坚持以人民为中心的发展思想，把握“提高保障和改善民生水平”“加强和创新社会治理”两个方面重点，不断提高社会治理社会化、法治化、智能化、专业化水平，“以习近平总书记社会建设系列重要论述为指导，密切

① 胡锦涛：《关于培育和践行社会主义核心价值的意见》，人民出版社 2013 年版，第 3 页。

结合时代特征、中国特色、各地特点，一步一个脚印向前推进，让改革发展成果更多更公平惠及全体人民，不断推进社会治理体系和治理能力现代化”[①]。

第五，加强生态文明建设。生态文明是实现人与自然和谐发展的必然要求，生态文明建设是关系中华民族永续发展的根本大计。党的十八大以来，以习近平同志为核心的党中央把生态文明建设作为统筹推进“五位一体”总体布局和协调推进“四个全面”战略布局的重要内容，开展一系列根本性、开创性、长远性工作，提出一系列新理念新思想新战略，使生态文明理念日益深入人心。生态兴则文明兴，生态衰则文明衰。生态文明建设功在当代、利在千秋，“加大力度推进生态文明建设、解决生态环境问题，我们就一定能推动形成人与自然和谐发展现代化建设新格局，让中华大地天更蓝、山更绿、水更清、环境更优美”[②]。

“五位一体”总体布局，是把马克思主义基本原理和中国特色社会建设实践相结合的产物，从最初的“两个文明”一起抓，到党的十六大提出建设社会主义政治文明，开始形成经济、政治、文化的“三位一体”，党的十七大提出建设社会主义和谐社会，这就形成经济、政治、文化、社会的“四位一体”布局，党的十八大提出建设社会主义生态文明，正式形成了经济、政治、文化、

① 宋贵伦：《新时代社会建设的丰富内涵和实践路径》，《光明日报》2018 年 4 月 2 日，第 11 版。

② 佚名：《深刻认识加强生态文明建设的重大意义——论学习贯彻习近平总书记全国生态环境保护大会重要讲话》，《光明日报》2018 年 5 月 20 日，第 2 版。

社会和生态的“五位一体”总体布局，成为中国特色社会主义的纲领，深化了我们党对社会主义建设规律、共产党执政规律和人类社会发展规律的认识，既不走封闭僵化的老路，也不走改旗易帜的邪路，要始终坚持和发展中国特色社会主义道路。党的十九大提出中国特色社会主义进入了新时代，“五位一体”总体布局也就成为新时代中国特色社会主义的纲领。

《新民主主义论》提出的政治、经济、文化纲领奠定了新民主主义社会向社会主义社会过渡的政治、经济、文化基础。而依据这一理论框架形成的新时代中国特色社会主义“五位一体”总布局，同样是筑牢了新时代中国特色社会主义伟大事业的根基，从而为实现社会主义初级阶段迈向更高阶段提供了经济、政治、文化、社会和生态的基础。这再一次说明习近平新时代中国特色社会主义思想和毛泽东思想既一脉相承又与时俱进，毛泽东思想这一中国化马克思主义的理论原点仍然具有重要的理论价值和思想魅力。

二、新时代中国特色社会主义仍然是科学社会主义

党的十八大以来，在以习近平同志为核心的党中央坚强领导下，中国特色社会主义进入了新时代，创立了习近平新时代中国特色社会主义思想。新时代中国特色社会主义不仅符合我国改革开放以来的时代特点和现时国情，还是对科学社会主义

的坚持，“充分彰显了科学社会主义的时代价值，成功将科学社会主义推向新阶段”[①]。

首先，新时代中国特色社会主义开辟了科学社会主义发展的新阶段。中国特色社会主义是我国经济社会发展到一定阶段产生的必然历史飞跃。中国特色社会主义要求“不断推进国家治理体系和治理能力现代化”[②]，这就体现出中国特色社会主义制度可充分发挥优越性，有信心有能力解决科学社会主义发展史上未能很好解决的怎样治理社会主义社会这一难题，为科学社会主义的发展贡献中国智慧和中国方案。中国共产党是中国特色社会主义的坚强领导核心，在长期的执政条件下，我们党不断增强党的自我建设能力，提高党的防腐防变能力，加强党的自我净化、自我完善、自我革新、自我提高能力，始终保持党的先进性和纯洁性。这是对马克思主义建党学说的丰富和发展，是对世界社会主义运动的重大贡献。

其次，新时代中国特色社会主义继承和发展了科学社会主义理论。习近平新时代中国特色社会主义思想系统回答了新时代坚持和发展什么样的中国特色社会主义、怎样坚持和发展中国特色社会主义这个重大时代课题，坚持以马克思主义基本原理为基础，体现马克思主义的理论品格和精神实质，创造性地

① 秋石:《新时代中国特色社会主义是科学社会主义发展的新阶段》,《求是》2018 年第 13 期。

② 秋石:《新时代中国特色社会主义是科学社会主义发展的新阶段》,《求是》2018 年第 13 期。

提出了一系列新理念新思想新战略，涵盖经济建设、政治建设、文化建设、社会建设、生态文明建设和党的建设各个领域，涉及改革发展稳定、内政外交国防、治党治国治军等各个方面，是一个系统完备、逻辑严密的科学理论体系，充分体现新时代中国特色社会主义是在坚持马克思主义基础上，对科学社会主义理论进行了不断的丰富与发展，谱写了科学社会主义新的时代篇章。

最后，新时代中国特色社会主义为人类社会的发展进步做出了新的贡献。社会主义在当代中国展现出强大生命力和广阔发展前景，极大地壮大了世界社会主义力量，深刻改变了世界社会主义的发展进程。中国特色社会主义代表着世界社会主义运动的主流方向，在世界上重振了人们对社会主义的信心，正成为 21 世纪科学社会主义发展的旗帜，成为振兴世界社会主义的中流砥柱，科学社会主义因为在有着 13 亿多人口的东方大国成功实践而闪烁耀眼光芒。中国特色社会主义道路将以无可争辩的事实体现社会主义制度的优越性，必将对世界社会主义运动、对人类社会发展产生重大而深远的影响。

习近平指出："社会主义并没有定于一尊、一成不变的套路，只有把科学社会主义基本原则同本国具体实际、历史文化传统、时代要求紧密结合起来，在实践中不断探索总结，才能把蓝图变为美好现实。"[①]因此，我们要坚持以习近平新时代中国特色社

① 习近平：《在纪念马克思诞辰 200 周年大会上的讲话》，《人民日报》2018 年 5 月 5 日，第 2 版。

会主义思想为指导，不断把新时代中国特色社会主义推向新的阶段，为科学社会主义的不断丰富和发展做出中国贡献。

三、习近平新时代中国特色社会主义思想是马克思主义中国化的最新成果

党的十九大报告指出："新时代中国特色社会主义思想，是对马克思列宁主义、毛泽东思想、邓小平理论、'三个代表'重要思想、科学发展观的继承和发展，是马克思主义中国化最新成果，是党和人民实践经验和集体智慧的结晶，是中国特色社会主义理论的重要组成部分，是全党全国人民为实现中华民族伟大复兴而奋斗的行动指南。"[①]因此，习近平新时代中国特色社会主义思想不仅与毛泽东思想、邓小平理论、"三个代表"重要思想、科学发展观一脉相承，还继承和发展了马克思主义与时俱进的理论品格，深化了对共产党执政规律、社会主义建设规律、人类社会发展规律的认识，发展和弘扬了马克思主义的历史唯物主义与辩证唯物主义。因此，习近平新时代中国特色社会主义思想是马克思主义中国化的最新理论成果。

第一，习近平新时代中国特色社会主义思想继承和发展了马克思主义与时俱进的理论品格。马克思主义中国化是一个不

① 习近平：《决胜全面建成小康社会 夺取新时代中国特色社会主义伟大胜利——在中国共产党第十九次全国代表大会上的报告》，《人民日报》2017 年 10 月 28 日，第 1 版。

断发展的过程，在中国革命、建设与改革的历史发展过程中，产生了毛泽东思想、邓小平理论、“三个代表”重要思想及科学发展观,都是马克思主义基本原理与中国具体实践相结合的产物。进入新时代，马克思主义与时俱进的理论品格同时也是习近平新时代中国特色社会主义思想的理论品格。党的十八大以来，以习近平同志为核心的党中央，根据国内外形势的变化及我国各项事业的发展，在新时代总结出新的理论成果，在经济、政治、文化、社会、民生、生态、军队、党的建设等方面，将实事求是、与时俱进的马克思主义理论品格充分地展示了出来，闪耀着马克思主义在新时代的理论光芒，照耀着中国特色社会主义在新时代的伟大光辉。

第二，习近平新时代中国特色社会主义思想深化了对共产党执政规律、社会主义建设规律、人类社会发展规律的认识。习近平新时代中国特色社会主义思想坚持解放思想、实事求是、与时俱进，在新的时代条件下，系统全面深入地回答了“新时代坚持和发展什么样的中国特色社会主义、怎样坚持和发展中国特色社会主义”等重大理论问题和实践问题，是覆盖政治、经济、文化、社会、生态、军队和国防、党的建设等方面的系统的科学理论体系。新时代中国特色社会主义思想深刻地揭示和拓展了共产党执政规律、社会主义建设规律、人类社会发展规律的本质特征的认识，开辟了马克思主义中国化的新境界，为我们党更好地领导发展中国特色社会主义事业提供了思路，进一步深化了人类社会关系新愿景。

第三，习近平新时代中国特色社会主义思想发展和弘扬了马克思主义的历史唯物主义与辩证唯物主义。马克思主义哲学是马克思主义的理论基础，新时代中国特色社会主义蕴含丰富的哲学思想，很好地继承和发展了马克思主义的历史唯物主义与辩证唯物主义，集中体现了马克思主义的认识论和方法论。它继承和发展了马克思主义关于人民群众的历史作用的认识，"以人民为中心"是新时代中国特色社会主义的鲜明特征；它继承和发展了马克思主义唯物辩证法的基本原理，"五位一体"总体布局、"四个全面"战略布局正是对马克思主义联系观点的继承；它继承和发展了马克思主义关于人与自然关系的理论，"绿水青山就是金山银山"[①]、"像对待生命一样对待生态环境"[②]，"望得见山、看得见水、记得住乡愁"[③]等论述，恰是对马克思关于人与自然关系理论的弘扬。

习近平新时代中国特色社会主义思想坚持与时俱进的理论品格，结合新时代的世情、国情和党情，从不同层次推动了马克思主义中国化的新发展，进一步拓展并深化了对共产党执政规律、社会主义建设规律、人类社会发展规律的认识，是对马克思列宁主义、毛泽东思想、邓小平理论、"三个代表"重要思

① 习近平：《弘扬人民友谊 共创美好未来：在纳扎尔巴耶夫大学的演讲》，《人民日报》2013年9月8日，第3版。

② 佚名：《习近平张德江俞正声王岐山分别参加全国两会一些团组审议讨论》，《人民日报》2015年3月7日，第4版。

③ 佚名：《中央城镇化工作会议在北京举行》，《人民日报》2013年12月15日，第1版。

想、科学发展观的继承和发展，是马克思主义中国化的最新成果，是党和人民实践经验与集体智慧的结晶，是中国特色社会主义理论体系的重要组成部分，是全党全国人民为实现中华民族伟大复兴而奋斗的行动指南。因此，全党必须深刻领会习近平新时代中国特色社会主义思想的精神实质和丰富内涵，并落实到中国特色社会主义事业的伟大实践中。

《新民主主义论》丰富和发展了马克思主义，是毛泽东思想的重要内容，从毛泽东思想到邓小平理论、“三个代表”重要思想、科学发展观和习近平新时代中国特色社会主义思想，都是中国共产党人把马克思主义基本原理和中国具体国情相结合进行理论创新的重大成果，不断推动了马克思主义的中国化，形成了中国化马克思主义，体现了中国共产党人不断推进理论创新，这正是中国共产党始终保持生机和活力、始终走在时代前列的重要原因。